明代登科錄彙編 七

明嘉靖戊子浙江鄉試錄，四明范氏天一閣藏書目、薛氏天一閣見存書目又郡皆紀類。戊子即閣主范司馬欽舉鄉之年，是科獲售者九十人，范名列第七十。書眉人名上多標某會榜中式某科，范氏所藏代解來見有此，因諸人皆同榜，故一一考之。若否手名科即嘉靖十一年，其作會者四十七人，九十人中竟有四十六人成進士，可謂盛矣。其標學正、知縣、同知、運使、知州、通判、教諭者又廿一人。按我省陛舉序，就試者二千八百有奇，額選九十人，亦逾三十取一。近代光緒中吾省就試者每有八九千人，而中式者不逾百名，難于明代多矣。范氏藏科舉題名錄最多，某年籍全散出而度經蕎蕪中同付一炬，此錄獨因其為范司馬之同年解余目留之，因而獲存至今年矣。羅振常記

羅振常

3430

浙江鄉試録序

嘉靖戊子秋八月浙江鄉試
給事中臣粲郎中臣鑰寔奉
命主之臣粲竊惟浙江古揚州之
境而今之首藩也粤自我
皇祖起南服定金陵遂下浙東西
諸郡方

國家草創日不暇給而崇禮樂
考文章搢紳先生出入風議
訢訢如也其間二三耆碩參
侍帷幄者大抵皆自浙起以
博學贍辭潤色鴻業於是
皇明之號令典法炳焉與三代同
風而浙之文遂先天下槩不

佞嘗好觀

國朝故事而知其槩矣乃今孫之考校始盡得其賢士者之文而縱觀焉有取之無窮而讀之不厭者信乎其爲盛也於是知

皇祖之澤遠矣雖然文者道之華

而行之飾也昔者孔子稱周之盛曰郁郁乎文哉他日論禮樂則慨然思從先進又曰我於辭命則不能也非謂夫文之有本哉由周以下言文者必曰秦漢秦漢尚矣近世以文取士宜莫盛於唐時則

有若陸贄者司考校而韓愈
輩出焉天下至于今稱之然
愈嘗自言其當時程試之文
以爲讀之使人忸怩而已耳
其信然乎抑有激而云爾也
夫唐之文初亦失之靡矣自
愈出然後一振之以復于古

彼所謂豪傑之士者非邪而
其始也微賛孰能知而取之
我
國家稽古立法以經術造士百
六十年治教熙洽文亦日趨
于盛學士大夫操筆伸紙類
能達其所欲言者顧藻飾有

餘而朴茂忠實之意視前輩
若少衰焉當是時其亦有豪
傑者出而振之而司考校者
亦能知而取之乎
聖天子方篤意教化屢詔所司選
師儒嚴條約將責士以有本
之學而非直曰文云者故屬

者之舉雖有司存而特
簡近臣涖之意嚮所在昭然可識
士於是時有弗自奮也者非
夫也況若漸之嘗以文先天
下者哉將必有異才焉如愈
者卓然出其間乎得若人以
稱塞

明詔則司考校者之責任亦無負
矣而愧無贄之明弗能識也
抑所謂公無私者或庶幾焉
爾矣是舉也同考試則學正
孫鰲淩雲教諭鄭子充徐逵
宋大本唐佐吳昇陳岳林汝
永毛鳳監臨則巡按監察御

史張問行申飭藩臬百務具
舉提調則左布政使潘旦右
布政使劉節監試則按察使
桑溥副使傅鑰遴士以試則
提學副使萬潮協贊于外則
監察御史王化工部主事郭
秉聰南京戶部主事王鉞參

政胡纘宗葉寬朱裳參議萬廷彩龐浩副使党以平何鰲汪金僉事孫元巴思明梁世驃江良材都指揮僉事張浩李節士就試者二千八百有奇預選者九十人刻其文之優者二十一篇合諸執事姓

名爲錄以

獻椉序之

從仕郎工科給事中陸椉謹

序

嘉靖七年浙江鄉試

監臨官

巡按浙江監察御史張問行 子書河南內黃縣人 辛巳進士

提調官

浙江等處承宣布政使司左布政使潘旦 希周直隸婺源縣人 乙丑進士

浙江等處承宣布政使司右布政使劉節 介夫江西大庾縣人 乙丑進士

監試官

浙江等處提刑按察司按察使桑溥 汝公山東濮州人 甲戌進士

浙江等處提刑按察司副使傅鑰 希準遼東廣寧右衛人 辛未進士

考試官

從仕郎工科給事中陸粲 浚明直隸長洲縣人 丙戌進士

承德郎兵部武庫清吏司署郎中事主事華鑰 德啟直隸無錫縣人 癸未進士

同考試官

河南開封府歸德州儒學學正孫鰲 思齊雲南寧州籍直隸通州人 壬午貢士

湖廣荊州府荊門州儒學學正凌雲 應賢福建閩縣人 丙子貢士

湖廣黃州府黃陂縣儒學教諭鄭子充 道充福建莆田縣人 壬午貢士

山東兗州府曹州曹縣儒學教諭徐逵 九逵江西金谿縣人 丙子貢士

山東濟南府章丘縣儒學教諭宋大本 秉中直隸新城縣人 己卯貢士

福建福州府長樂縣儒學教諭唐佐　一夔廣西臨桂縣人丙子貢士

廣東廣州府番禺縣儒學教諭吳昇　汝昆福建龍溪縣人壬午貢士

福建福州府懷安縣儒學教諭陳岳　舜咨廣東海陽縣人丙子貢士

直隸大名府南樂縣儒學教諭林淥　君脩福建莆田縣人壬午貢士

直隸鳳陽府懷遠縣儒學教諭毛鳳　仲鳴廣西桂林中衛籍湖廣益陽縣人壬午貢士

印卷官

浙江等處承宣布政使司經歷司經歷蕭貫綱　世用萬全都司龍門衛人監生

浙江等處提刑按察司經歷司經歷干璽　邦信遼東廣寧前屯衛人監生

收掌試卷官

兩浙都轉運鹽使司運使吳璜 廷灌直隷休寧縣人 戊辰進士

湖州府知府萬雲鵬 圖南直隷盱眙縣人 甲戌進士

受卷官

杭州府知府陳力 以相四川内江縣人 甲戌進士

寧波府推官王守 履約直隷吳縣人 丙戌進士

湖州府安吉州知州廖梯 雲卿福建興化衛官籍雲南京東府人丁丑進士

温州府瑞安縣知縣曹誥 廷寵湖廣黃陂縣人 丙戌進士

温州府永嘉縣知縣倪鏡 汝公福建閩縣人 丙戌進士

寧波府慈谿縣知縣何世祺 勉翼福建[illegible]清縣人 丙戌進士

彌封官

寧波府同知曹山 仁甫四川什邡縣人 辛酉貢士

金華府推官朱方 子大山西平定州[illegible] 直隸泗州人丙戌進士

紹興府山陰縣知縣繆行中 惟慎順天府通州人 癸未進士

湖州府烏程縣知縣戴嘉獻 獻之直隸績溪縣人 丙戌進士

湖州府歸安縣知縣戚賢 秀夫直隸全椒縣人 丙戌進士

台州府寧海縣知縣唐愈賢 子中湖廣沅陵縣人 丙戌進士

謄録官

台州府推官程資 仲村直隸婺源縣人 丁丑進士

紹興府推官喻希禮 節之湖廣麻城縣人 癸未進士

紹興府諸暨縣知縣周朝佐 勤可福建閩縣人 辛巳進士

杭州府錢塘縣知縣王橋 汝濟湖廣京山縣人 丙戌進士

金華府永康縣知縣金洲 士啟直隸嘉定縣人 丙戌進士

嚴州府桐廬縣知縣沈椿 元材直隸吳縣人 丙戌進士

對讀官

杭州府同知楊齊 時明直隸無錫縣人 乙卯貢士

杭州府推官劉望之 商霖四川內江縣人 丙戌進士

嘉興府推官余鈞 子振江西德興縣人 丙戌進士

嘉興府嘉善縣知縣戴梧 鳳卿湖廣襄陽衛籍江西永新縣人丙戌進士

寧波府定海縣知縣周懋 光政直隸常熟縣人丙戌進士

嚴州府淳安縣知縣林壆 茂貞福建侯官縣人丙戌進士

巡綽官

杭州右衛指揮同知崔繼宗 立夫山西代州人

觀海衛指揮同知梁鳳 鳴陽山東滄州人

海寧衛指揮僉事商霖 起巖直隸通州人

寧波衛指揮僉事顧邦重 良弼江西泰新縣人

昌國衛錢倉千戶所副千戶易經 天緯湖廣攸縣人

搜檢官

杭州前衛指揮使許曾 希賢直隸合肥縣人

海寧衛指揮使王大邦 世寧直隸定遠縣人

杭州右衛指揮僉事李圭 朝用直隸臨淮縣人

海寧衛指揮僉事馬鋹 朝用山後人

杭州右衛前千戶所副千戶倪佐 良輔直隸臨淮縣人

供給官

杭州府通判周忠 節夫福建閩縣人 癸酉貢士

湖州府通判馮龍 舜卿山東濟州人 丁卯貢士

温州府通判 蔡廷用 良弼湖廣沅陵縣人 庚午貢士

杭州府仁和縣知縣 白經 正夫直隸儀真衛籍山陽縣人 丙子貢士

觀海衛經歷 周正 廷表四川仁壽縣人 吏員

松門衛經歷 李美 鳳韶江西新淦縣人 吏員

紹興府新昌縣縣丞 侯祖德 繩武直隸無錫縣人 監生

嚴州府桐廬縣主簿 屠繼祖 述之直隸宜興縣人 監生

杭州府吳山驛驛丞 馮克壽 守愚山東高唐州人 承差

杭州府武林驛驛丞 羅僩 子由廣東高要縣人 承差

杭州府錢塘縣浙江驛驛丞 寇灌 天滋山東濟寧州人 吏員

處州府括蒼驛驛丞張芳　應秀直隸鳳陽縣人　承差

第壹場

四書

禮云禮云玉帛云云乎哉樂云樂云鍾鼓云
乎哉

唯天下至誠爲能經綸天下之大經立天
下之大本知天地之化育夫焉有所倚
肫肫其仁淵淵其淵浩浩其天

夫道一而已矣成覸謂齊景公曰彼丈夫
也我丈夫也吾何畏彼哉顏淵曰舜何

人也予何人也有爲者亦若是公明儀曰文王我師也周公豈欺我哉

易

先王以建萬國親諸侯

觀其所聚而天地萬物之情可見矣

是故君子所居而安者易之序也所樂而玩者爻之辭也是故君子居則觀其象而玩其辭動則觀其變而玩其占是以自天祐之吉无不利

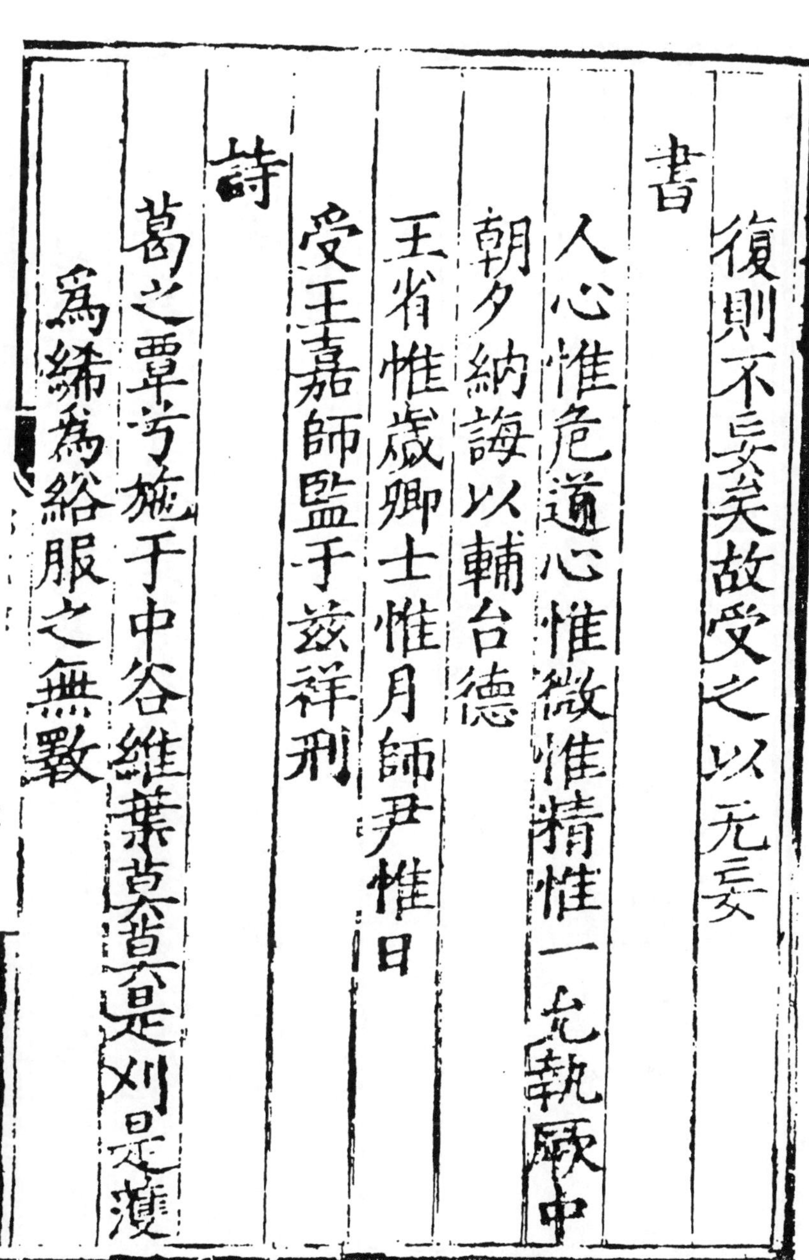

復則不妄矣故受之以无妄

書

人心惟危道心惟微惟精惟一允執厥中

朝夕納誨以輔台德

王省惟歲卿士惟月師尹惟日

受王嘉師監于茲祥刑

詩

葛之覃兮施于中谷維葉莫莫是刈是濩

爲絺爲綌服之無斁

宜爾室家樂爾妻帑是究是圖亶其然乎追琢其章金玉其相勉勉我王綱紀四方紹庭上下陟降厥家休矣皇考以保明其身

春秋

公會齊侯于防 隱公九年

楚子蔡侯次于厥貉 文公十年 公會宋公陳侯衛侯鄭伯許男曹伯晉趙盾癸酉同盟于新城 文公十有四年

齊人伐我北鄙僖公二十有六年楚公子
貞師師伐鄭襄公八年
晉人執宋仲幾于京師定公元年

禮記

故人情者聖王之田也脩禮以耕之陳義
以種之講學以耨之本仁以聚之播樂
以安之故禮也者義之實也協諸義而
協則禮雖先王未之有可以義起也義
者藝之分仁之節也協於藝講於仁得

之者強仁者義之本也順之體也得之

者尊

禁於未發之謂豫當其可之謂時

樂則安安則久久則天天則神

博施備物可謂不匱矣

第貳場

論

治天下者審所上

詔誥表內科一道

擬漢令郡國舉孝廉詔元光元年

擬唐以孫伏伽爲治書侍御史誥武德元年

擬宋開天章閣引輔臣入對參知政事范仲淹謝表慶曆三年

判語五條

上言大臣德政

檢踏災傷田糧

禁止師巫邪術

關防內使出入
失時不修隄防

第參場

策五道

問古之有國家者必封建宗親以藩王室
我
太祖高皇帝肇創大業廣樹
親藩布列天下磐石之宗萬世永賴既又親
作

祖訓以貽
東宮及
諸王使世守焉數傳之後本支益昌敦睦之
風內外隆洽所以恪遵
訓典者至矣自今觀之猶竊有未安於心者夫
歲祿時賜禮秩有定矣然支庶日蕃而
勢將不贍何以處之而使無戚戚具爾
之心樂善好禮賢名有聞矣然稍踰檢
制者亦未嘗無也何以道之而使有卓

爾不羣之行抑又有異焉者親賢並用
故事也今連姻
帝胄則仕者不得通籍京朝内外均勞常法
也今備位藩僚則終身無遷轉之望果
皇祖之訓則然乎抑別有據乎是皆關繫政體
之大者願一言之將轉
聞焉以爲
當守法
祖睦親之助

問廉恥者士人之美節風俗者天下之大
事也古昔人知自重行已有恥而習以
相安此豈一朝一夕之故哉秦漢而下
士多隨世以就功名守義者少尚通者
多其間明君賢輔間嘗崇奬高潔以激
厲一時如不拜諫議遇以故人不受右
相待爲賓友固辭諫官特加待制召於
靜退乞賜甄擢私書不至京師召促御
史問訊不及政府薦充館職若此者可

歷數其人歟我
國家所以造士道民者率由禮義廉恥而又
風勸養厲于其間宜乎道德可一風俗
可同也夫何習俗尚未盡美而士風亦
未盡淳恬退者固多冒進者猶或間有
其故何歟恭遇
皇上聖資高明動稽堯舜力欲挽回隆古之盛
茲固首務也歷考前聞或謂退讓不可
以刑罰使或謂莫若倡清議于天下或

謂崇靜退以率之或謂妙求人物參錯立朝之數說者施之于今何者爲當抑別有其本乎願相與一論之

問孔門學者以德行言語政事文學並稱而獨稱顏子爲好學曰不遷怒不貳過夷考之其過與怒無聞焉顏子嘗曰夫子博我以文約我以禮亦不見其所謂文也然則顏子所好果何學歟自是千有餘年獨宋儒有曰學顏子之所學曰

顏子示不違如愚之學於後世曰顏子之學與今之學異觀其道之所傳有天資出人造養深遠者有探索本原洞見道體者有默坐澄心體認天理者而皆不涉於言語文字之間豈即所謂顏子之學歟厥後朱子繼出乃取聖賢之遺言遺旨發明精蘊自有經傳以來著述之盛一人而已其書一出天下家傳而人誦之學者曉然趨道之至正誠所謂

有大造於萬世者也當時乃有陸子靜者議其專道問學而不尊德性朱子又謂子靜之學不自知其日入于禪儒先已有定論無庸贅矣然顏子不以言語政事文章爲學而朱子似以著述爲教同乎戾乎且今之讀其書者多取之以資論說爲文章而不知所以反之約其弊胡爲乎然也夫學貴知要而必有所從入也諸生試舉所嘗用力者告我

問禹貢揚州之田下下今嘉湖與蘇松諸郡皆其境也計其財賦所入幾當天下之半夫以今視昔地非加廣而取之之多如此民何以堪之古者什一之法後世弗可行矣獨不能稍從節省以寬吾民與今天下財力大抵殫盡而此諸郡其尤也其間積弊之病民者蓋不可縷數當事者亦嘗為之深憂而卒未有所處也夫官逋日積而長鄉賦者靡不破

家何以捄之徵歛無經而輸納之費勤
至數倍何以省之徭役有常期矣而輕
重失均何以平之田賦有定額矣而詭
射之弊至不可勝窮何以釐之民多轉
徙而荒蕪未闢又遺其稅以爲公私之
累何以處之水利有專官而旱潦不免
於涸溢何以極之當是時欲求經常簡
易之法可以弭斯患者非豪傑之士誰
與議此故願諸君之極言之也

問記稱問國之富數馬以對馬之所繫亦重矣考之周禮大司馬之屬有校人以掌王六馬有庾人以掌十二閑又有趣馬巫馬馬質牧師圉師圉人之類矢一事而設官之多如此無乃失之冗與至其驟之民者自丘甸以上積而數之至於一同之地出戎馬百乘亦不爲不多矣不識當時國有征役何以能弗擾而事集與抑其法亦可用於今日否與今

國馬所出內則計丁以牧之民間外則用茶以易之蕃夷是法也亦嘗襲前代之舊與夫飼牧之民日困而孳畜不聞其蕃息差發之制不行而招易所得未必皆良也馬政之弊至今日極矣茲欲舉二者之法一振起之使上不病國下不妨民而馬皆足用若何而可諸生其必有以處此矣

中式舉人九十名

甲辰進士
第一名姜良翰　金華府學生　詩

己丑進士
第二名謝紘　會稽縣學生　春秋

己丑進士
第三名周如底　餘姚縣學生　書

甲辰進士
第四名俞介　餘姚縣學附學生　易

學正
第五名許來學　餘姚縣學附學生　[illegible]

壬辰進士
第六名顧四科　[illegible]

戊戌進士
第七名符[illegible]

第八名錢應揚　餘姚縣學生　書　乙未進士

第九名羅洪　慈谿縣學生　春秋

第十名徐建　餘姚縣學生　禮記　知縣

第十一名夏淳　餘姚縣學附學生　易

第十二名翁溥　諸暨縣學增廣生　易　己丑進士

第十三名張嘉秀　海鹽縣學生　書　己丑進士

第十四名石繼興　餘姚縣學附學生　易

第十五名徐敎　山陰縣學生　詩

第十六名費誥　嘉興府學生　詩　辛丑進士

未進士
平
辰進士復姓吳
同知
戊進士
辰進士
丑進士

第十七名江樊 開化縣學生 易

第十八名周宗文 紹興府學增廣生 詩

第十九名沈盤 嘉興府學生 書

第二十名王鶚 寧波府學增廣生 易

第二十一名章朝鳳 樂清縣學生 詩

第二十二名曹金 平湖縣學生 易

第二十三名徐緯 山陰縣學增廣生 詩

第二十四名李本 餘姚縣學附學生 書

第二十五名沈師賢 德清縣學生 易

山東運使
壬辰進士
己丑進士
壬辰進士
戊戌進士
壬辰進士
進士復姓虞

第二十六名張純　永嘉縣學生　詩

第二十七名吳至　餘姚縣學附學生　易

第二十八名趙鑾　永康縣學附學生　書

第二十九名陶謨　秀水縣學生　詩

第三十名秦鳴春　台州府學附學生　春秋

第三十一名吳源　杭州府學生　禮記

第三十二名錢照　慈谿縣學增廣生　詩

第三十三名余鳳　遂安縣學增廣生　易

第三十四名謝廷試　會稽縣學生　詩

第三十五名邵基　餘姚縣學附學生　書　乙未進士

第三十六名許安　餘姚縣學附學生　易　臨淮知縣

第三十七名趙術　東陽縣學增廣生　詩

第三十八名馮璋　慈谿縣學附學生　春秋　戊戌進士

第三十九名徐雲路　武康縣學生　易

第四十名馮良享　臨海縣學生　詩　知州

第四十一名鄭邦仰　餘姚縣儒士　書　辛丑進士

第四十二名王璣　衢州府學生　易　己丑進士

第四十三名顧翀　慈谿縣學附學生　詩　壬辰進士

知州
庚戌進士
丑進士
戌進士
知縣 留
教諭 知州 通判

第四十四名邵濬　太平縣學生　書
第四十五名毛文邦　松陽縣學生　易
第四十六名呂鑾　永康縣學生　詩
第四十七名徐一鳴　餘姚縣學附學生　禮記
第四十八名孫宗器　蕭山縣學生　書
第四十九名王元春　山陰縣學附學生　易
第五十名沈渭　定海縣學增廣生　詩
第五十一名董珂　寧波府學增廣生　易
第五十二名鍾藻　慈谿縣學生　詩

知縣
第五十三名包桐　寧波府學附學生　易

教諭卒
第五十四名余永麟　寧波府學附學生　詩

乙未進士
第五十五名鮑龍　臨安縣學生　易

南靖知縣
第五十六名胡希周　餘姚縣學附學生　書

第五十七名葉禎　麗水縣學生　春秋

戊戌進士
第五十八名賈大亨　上虞縣學附學生　詩

壬辰進士
第五十九名謝瑜　上虞縣學增廣生　易

戊戌進士
第六十名金志　山陰縣學增廣生　詩

己丑進士同知
第六十一名王杏　奉化縣學附學生　易

壬辰進士　知縣　戊戌進士　知縣　乙未進士　翰林卒　乙未進士　壬辰進士卒　壬辰進士

第六十二名姚翔鳳　上虞縣學增廣生　詩

第六十三名孫憲　奉化縣學生　易

第六十四名黃九皐　蕭山縣儒士　書

第六十五名陸芹　餘姚縣學生　易

第六十六名沈夢鯉　紹興府學附學生　詩

第六十七名蔡鴻漸　寧波府學增廣生　易

第六十八名徐緝　紹興府學生　詩

第六十九名杜銓　寧波府學附學生　易

第七十名范欽　寧波府學附學生　書

乙未進士
第七十一名黃齊賢　紹興府學生　易

通判
第七十二名嚴諒　慈谿縣學附學生　春秋

鎮江通判
第七十三名呂用和　湖州府學增廣生　易

戊戌進士
第七十四名魏夢賢　山陰縣學附學生　詩

己丑進士
第七十五名陳東　寧波府學生　易

江西通判回
第七十六名虞价　紹興府學增廣生　詩

第七十七名毛夢龍　餘姚縣學增廣生　易

第七十八名黃德賢　蕭山縣學附學生　書

雲南知州回
第七十九名王金　寧波府學生　易

知縣

臨江府通判

戊戌進士

戊戌進士

壬辰進士

第八十名張燊　東陽縣學生　詩

第八十一名沈維鏞　嘉興府學附學生　禮記

第八十二名毛國賢　寧波府學附學生　易

第八十三名陸鰲　平湖縣學生　書

第八十四名徐楚　淳安縣學生　春秋

第八十五名徐澤　海寧縣學生　易

第八十六名李一瀚　僊居縣學增廣生　詩

第八十七名王珽　諸曁縣學生　易

第八十八名閔如霖　湖州府學生　詩

第八十九名方綱　慈谿縣學附學生　春秋

第九十名胡德信　餘姚縣儒士　書

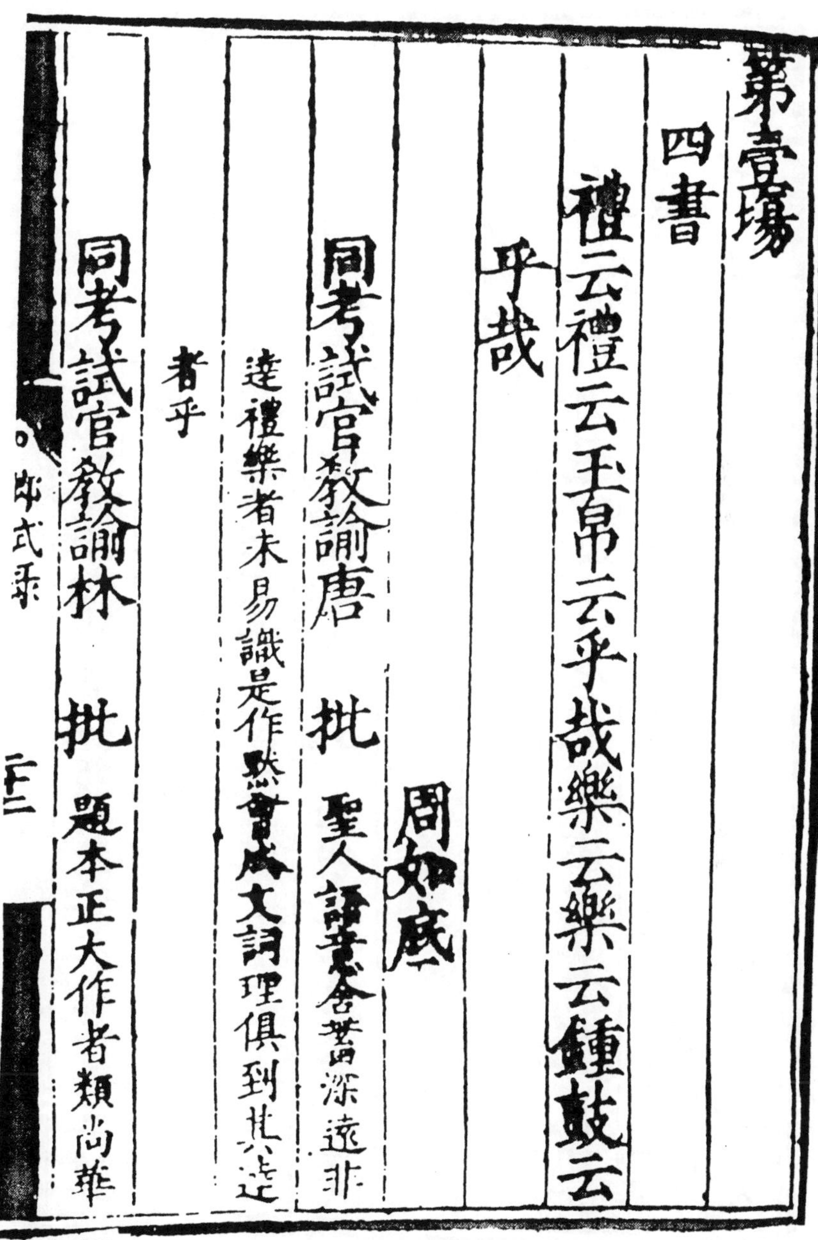

第壹場

四書

禮云禮云玉帛云乎哉樂云樂云鐘鼓云乎哉

周如底

同考試官教諭唐　批　聖人語意含蓄深遠非達禮樂者未易識是作默會成文詞理俱到其近者乎

同考試官教諭林　批　題本正大作者類尚華

藻而於夫子當時本意顧反失之是篇明白典雅
詞若近簡而讀之自有一倡三嘆之妙殆有意於
變浮靡之習者與

考試官署郎中華　批　詞明潔而意甚足當是
作者

考試官給事中陸　批　簡明可取

聖人論禮樂不專於末以見其本之有在也甚
矣禮樂之有本也玉帛鐘鼓特其末耳曾足以
盡之乎且夫禮樂之在天下不可一日無顧人

有終身由之而不知者矣自夫斯人之相際也
而有禮以節之禮云禮云孰不曰玉帛而已乎
夫禮行於文飾玉帛固不可無也然方其物之
未將必有所以為之先者彼圭璧之錯陳玄黃
之稠疊豈皆其具耳禮果專在是乎蓋禮非文飾
之謂也有無體之禮矣自夫斯人之相與也而
有樂以洽之樂云樂云孰不曰鍾鼓而已乎夫
樂寓於聲音鍾鼓固不可無也然方其聲之未
著必有所以為之主者彼節奏之抑揚音律之

高下特其文耳樂果專在是乎蓋樂非聲音之謂也有無聲之樂矣要之玉帛不足以言禮敬而將之斯禮之成也鍾鼓不足以言樂和而發之斯樂之成也從事於禮樂者惡可遺其本而惟末之是務哉聖人言此所以警當世者切矣抑斯言卽易所謂道器之說耳禮樂之原出於天地而其道則具於人心玉帛鍾鼓皆器也器由道而立道以器而彰二者相須以成而先後本末之間則自有等矣夫子所云雖一時有警

之言而聖人制作之本意豈不外此故欲知禮
樂之情者必先明於道器之說而後可
唯天下至誠爲能經綸天下之大經立天
下之大本知天地之化育夫焉有所倚
肫肫其仁淵淵其淵浩浩其天
姜良翰
同考試官教諭徐　批　至誠功用自然之妙學
者[illegible]能言之然體認不精支離可厭是義詞理俱
到非平日用心於內者不能作

同考試官教諭鄭　批　一破卓有定見講中以
誠字發明精蘊讀之令人豁然
同考試官學正孫　批　題本難作諸卷非泛則
略惟此篇體認親切而氣象春容即文可以占人矣
考試官署郎中華　批　說理精密
考試官給事中陸　批　自是理趣文字
中庸極言至誠之道必賛其道之至也夫道之
所以爲至者一誠而已中庸極言以賛之聖人
天道之極致豈復有餘蘊哉且均是人也而有

所謂至誠者焉渾乎賦予之眞而天德無不實湛乎純一之體而天下莫能加是故天下有大經焉人倫是也則隨其分而比其類各盡夫當然之實所謂惟聖盡倫而天下後世之法於是乎在矣天下有大本焉人性是也則得於天者全於己無一毫私僞之雜所謂惟聖盡性而千變萬化之道胥此焉出矣且化育著于兩閒至神妙也則斯理之中涵一天命之於穆而於所謂發見流行之實與之默契而弗違焉凡若此

者蓋無妄盡天下之理極誠一天下之動不
假於思勉而亦無事乎心力夫豈有所倚著于
物而後能哉是以自其盡倫者言之五品之間
藹然至恩之篤純乎其純而情意之懇到是即
仁而已矣而無或間焉者也自其盡性者言之
一中之立本為衆理之源淵乎其淵而靜深之
無際是即淵而已矣而無或二焉者也自其知
化者言之神明不測一太極本然之妙而浩浩
乎其廣大是即所謂天焉又非特如之而已也

上下一致徹性命之精微道器相安妙身心之神化而天下至誠之功用斯其至矣借曰有所倚而能之固不若是其至也吁其斯以爲天道歟大抵人之一心萬善咸備盛德大業皆由此出至誠之道亦惟有是心而已是心也人病弗求耳擴而充之人皆可以爲堯舜復而執之君子之所以不可及也要其所入亦自下學爲己立心之始求之故曰惟慎獨可以行王道

夫道一而已矣成覸謂齊景公曰彼丈夫

也我丈夫也吾何畏彼哉顏淵曰舜何
人也予何人也有為者亦若是公明儀
曰文王我師也周公豈欺我哉

謝紘

同考試官教諭陳　批　能發孟子道性善之旨
而氣昌辭達殆究心於性學而有得者

考試官署郎中華　批　峻整可誦

考試官給事中陸　批　得孟子語意

大賢論道無二致而引言以明之所以發性善

之旨備矣夫人性之善未始不一也不然何以見聖賢之必可學哉宜孟子以是釋世子之疑也其意若曰道之原出於天而其體存乎性性之所在道之所在也是故時有古今而天之賦於物者未始不均人有聖愚而我之得於天者未嘗不一蓋性善之外無他道而論性之外無他言[illegible]有是言也古人有是言也觀諸成覸之謂齊景公則曰聖賢與我均之爲丈夫也在彼不過能盡其性耳我能自勉則亦聖

賢而已何足畏哉顏淵之言則曰舜之於予均是人也在舜不過能充其性耳人能有爲則亦如舜而已何所愧哉若公明儀則又以爲彼文王優入於聖域而周公稱其爲我師是蓋以人性無不同故聖人有可學驗之以理而理所必有言雖大而非誇也度之於力而力有可能者辭謙而非異也周公豈欺我者哉夫三人不同而其言一也三人之言不同而性善之旨一也所謂道無二致者如此世子亦惟篤信力行以

師聖賢而已尚何他說之可求乎抑孟子性善之云豈獨爲世子告哉實以示天下後世也自道學不明而儒者之言性往往失之君子以爲欲知性之本善求諸心而已方其寂然不動之中善且未形而惡有所謂惡又惡有所謂善惡混與三品者哉夫心與性亦有異乎曰非異也語有之曰心之神明是謂性

易

是故君子所居而安者易之序也所樂而

玩者爻之辭也是故君子居則觀其象
而玩其辭動則觀其變而玩其占是以
自天祐之吉无不利

俞介

同考試官教諭毛　批　詞理明瑩機神自別暢
中如此作者絶少

同考試官教諭吳　批　題本明白正大作者紛
紜令人厭觀認理精切措詞渾雅無踰此篇而一
結尤有發明其深於易者乎

同考試官教諭宋　批　所居而安說多不一是
義順題來寫自覺明備子之所養可知矣

考試官署郎中華　批　善體貼

考試官給事中陸　批　是善言易者

大傳即君子得易之妙著君子學易之益甚矣君子之有得乎易也然非動靜兼致其學亦孰從而得之哉且易既作於聖人則象變辭占之已具而天下之理盡之矣非君子不能學也何則君子以言以動順適乎隨時變易之天而無

所困所居何其安也蓋易有事理當然之序昭著於卦爻而君子爲能得之時有萬變一陰陽消息之流通也事或殊途一剛柔盈虛之運用也泰然從容於自足孰非易之序乎心領神會沉潛於得意忘言之表而不可遠所樂何其宷也蓋易有吉凶悔吝之辭發揮於諸爻而君子爲能玩之精蘊之所發有以研其旨趣也隱顯之所之有以極其幾微也悠然涵泳于不厭孰非爻之辭乎是蓋隨在有得乎易矣然非學何

以致之也哉是以君子時乎靜焉尚象以觀其
形容而尤玩味乎所繫之辭先事而說諸心也
時乎動焉尚變以觀其變化而尤精審乎所值
之占臨事而研諸慮也靜知所學則靜與天俱
動知所學則動與吉會若或相之在在有資深
逢原之益矣何所往而不利哉若或祐之隨處
有引伸觸類之妙矣何所適而不宜哉夫君子
學易之事如此其資於易者深矣人亦何憚而
不學乎大抵學易之道不外乎安分窮理二者

而已君子所樂而玩玩其理也所居而安安其分也安分則窮理愈精窮理則安分愈固此君子終身之心學也若不進於此而徒牽滞于辭變象占之間則亦藝焉而已其諸異乎君子之學歟

復則不妄矣故受之以无妄

同考試官教諭毛翁溥　批

此題似易實難場中多爲所窘是篇平平寫出若不經意且明白沖淡必

深於理學者故録

同考試官教諭吳　批　說理文字至此亦精矣

高薦何忝

同考試官教諭宋　批　心學之妙極難形容是篇酌量不苟舂容有條愈讀而愈有味

考試官署郎中華　批　易義當如是作

考試官給事中陸　批　說復與元妄處明白

觀賞理所以得于心知无妄所以次于復夫人心有主則實亦復其理而已矣序卦之義以之

宜聖人發明以示人也歟且理在人心本無不實自夫物欲交蔽理斯失焉而妄即乘之矣謂之曰復則善端著于介然之頃有以收其放而存其良天理於是乎復全也全體呈于本心之明有以啓其端而致其養天眞於是乎復反也夫理欲相爲消長而誠僞不容並立天理既還則復者漸以實而私欲自爾其潛消將馴致于至誠無息之域矣而尚何妄之存哉大眞內涵則實者漸以充而德性自爾其完固將日進于

純一無僞之地矣而亦何妄之有哉夫人心之機如此是以聖人之序卦也於復之後必以无妄次之蓋復有復善之義而无妄有實理自然之義一先後之相承而斷乎其不可易一次第之相因而確乎其不容紊存乎易者猶夫存乎人者也聖人序卦之意夫豈苟焉者哉大抵理之在人心者未嘗息而君子之學莫有先于復者復則不妄至于无妄則誠矣誠則止矣復者賢人之事无妄則聖人之道也若理雖粗復而

有未純已雖粗克而有未盡皆非君子自止之地也故雖以顏子之不遠復幾于聖矣而夫子猶曰未見其止也學易者審諸

書

人心惟危道心惟微惟精惟一允執厥中

錢應揚

同考試官教諭唐　批　帝王授受心法最所難言此作認理明白詞亦瑩達錄之

同考試官教諭林　批　體認精切詞理明瑩是

善言心學者

考試官署郎中華　批　講危微精一處似有得者

考試官給事中陸　批　文有典則

觀聖君治法之傳一心學之要也蓋天下無心外之治也即一心而察以守之則執中之要在是矣帝舜命禹攝位而傳以治之之法如此且治道不外乎中執中必本於心心一也自其發於形氣者謂之人心人心雖兼入於邪惡而牽

引之機已動易私而難公也何危如之自其發
於義理者謂之道心道心雖根於天性而發見
之端始萌難明而易昧也何微如之二者雜於
方寸之間而無以治之則危者愈危微者愈微
矣必也自其一念之所從起者而察之極其精
使凡感於外而動於中者不雜於形氣之私也
既精矣必也因吾之所已明者而守之極其固
使凡萌於中而漸以著者一純乎義理之正也
夫然則人心已收孰非道心道心所擴孰非中

道由一心之動靜以至萬變之酬酢而自無過
不及之差自一身之云爲以至萬幾之裁決而
皆至當不易之理謂之允執厥中蓋信乎其能
執中而天下之治皆從此出矣舜之命禹何其
言約而義盡也哉抑是道也乃舜所親受於堯
者唐虞之治所以精純粹美而非後世所能及
端在於此自秦漢以下心學不傳而千載不得
蒙至治之澤良以人君不知用力於此耳欲學
堯舜者其可以他求哉然學之之要一言以蔽

之曰敬而已

王省惟歲卿士惟月師尹惟日

周如厎

同考試官教諭唐 批 題本正大作者為五氣五事休咎得失等語所困往往纏繞可厭詞不費而意足獨見此篇

同考試官教諭林 批 措詞命意自是精確箕子告武王之旨正如此

考試官署郎中華 批 沖淡中有餘味

考試官給事中陸　批　整黎

君子敘庶徵之當省者一視其分之尊卑而已夫庶徵之休咎因天以驗於人者也然則君臣之分不同而其所省能弗異乎箕子衍庶徵之疇以告武王及此謂夫天人相與之際亦甚可畏矣彼王統卿士而卿士統乎師尹猶夫歲之統月而月之統日也故五事有得失而庶徵之休咎應之其所當省者則各有等焉莫尊於王而所省則其係於一歲之利害者也蓋王者統

御萬國而綱紀四方凡歲功之虧全在君德之脩否自當審心於其大者矣王省不於歲而何其次則有卿士焉輔佐之任攸歸而調燮之功有賴然其位稍卑而所統者則有限矣故順天行以考其職業者獨於一月之利害所係耳是雖未擬於王者而亦非無所當省也所謂卿士惟月者以此其次則有師尹焉分理之務既衆而奉順之責惟均然其職愈降而所及者益無幾矣故因時變以驗其脩為者獨於一日之利

害所係耳是雖未同於卿士而亦自有所當省也所謂師尹惟日者以此其尊者省之大而要非日略也其卑者省之小而詳非日繁也即人事之當為以准天時之序有自然而不容紊者矣抑所謂省之云者夫豈必徧求於歲日月之間哉亦視其有所關係者云爾然大小之分雖殊而警懼之心則一孰謂王者於月日之徵略而不問卿士師尹於歲之徵避而不省耶有國家者必上下交修以免夫咎徵之及然後協於

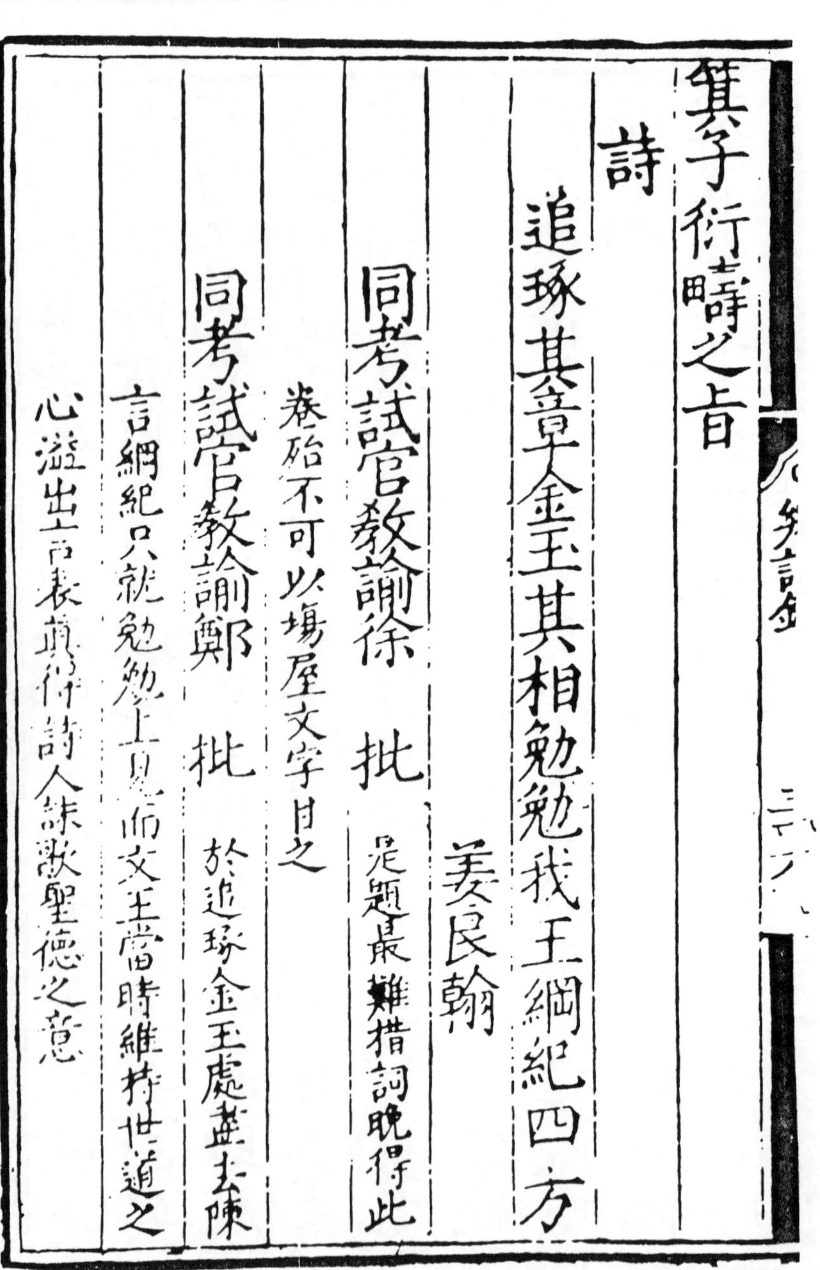

箕子衍疇之旨

詩

追琢其章金玉其相勉勉我王綱紀四方

姜艮翰

同考試官教諭徐　批

是題最難措詞晚得此

卷殆不可以塲屋文字目之

同考試官教諭鄭　批

於追琢金玉處盡去陳

言綱紀只就勉勉上見而文王當時維持世道之

心溢出言表煎得詩人詠歎聖德之意

同考試官學正孫　批　士子既以勉勉講德而

於綱紀又以政治言之殊戾傳意此篇詞不贅而

意已獨至宜錄之以式來學

考試官署郎中華　批　得旨

考試官給事中陸　批　醇雅

詩人與聖德之純繫人心之至夫惟德可以繫天下之心也聖人之德純而不已則所以綱紀四方者不已至耶此亦以詠歌文王之德也且百工之事攻金曰追攻玉曰琢文非追琢猶夫

文耳而非非美之至也惟追之琢之以致其飾焉則雕刻之功既極而天下之文無以尚之矣質非金玉猶夫所具耳而非非美之至也惟以金以玉而爲之地焉則純瑩得之天成而天下之質不足言矣夫物且然況我周王之德乎我周王以視民如傷之心持適求厥寧之志一誠貫徹於終始而勤勞之匪懈一敬緝熙於無息而日昃之不遑雖未嘗有所勉也而人見之若勉勉不已者言勉勉如此則蘊之而爲天德徹之而爲

王道天下雖大也精神志向與吾而相攝由人心觀之祇自覺其有所屬焉而莫知其然也億兆雖衆也心神意氣與吾而相關由斯民觀之祇日見其有所繫焉而莫知爲之者也謂之曰綱紀四方信乎文王之德繫於人心而歸附趨向之勢自有所不容已矣抑禹思天下有溺者由已溺之也稷思天下有飢者由已飢之也文王當殷道之衰天下之憔悴於虐政也甚矣勉勉之心固有不容自已者故位不在文王而天

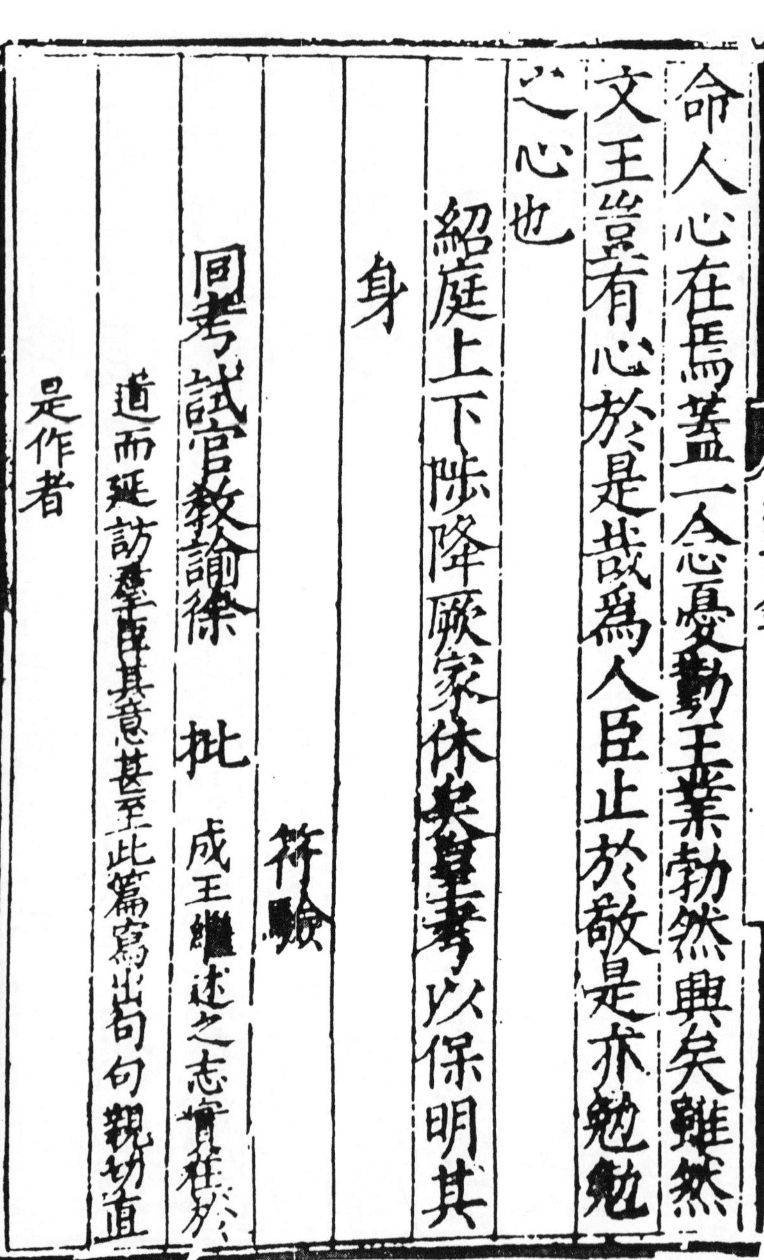

命人心在焉蓋一念憂勤王業勃然興矣雖然
文王豈有心於是哉爲人臣止於敬是亦勉勉
之心也
紹庭上下陟降厥家休矣皇考以保明其
身
符驗

同考試官教諭徐　批　成王繼述之志實在於
遺而延訪羣臣其意甚至此篇寫出句句親切直
是作者

同考試官教諭鄭　批　繼體守成不外乎敬而成王之學多得于此是作文勢沛然而結意尤爲明備

同考試官學正孫　批　文字典雅僅見此篇務實之學也

考試官署郎中華　批　平實可取

考試官給事中陸　批　詞到意足

欲法乎先王之所爲以承乎先王之所庇周王訪其臣然也夫先王之道隨在而有著也於此

法之亦焉徃而不得其[illegible]哉成王延訪羣臣之意如此蓋以先王之治本於道先王之道見於行吾於多難則未堪而求道則未合必何如而可乎誠以皇考常莅之以出治者廷也一上一下正百官者以此御萬幾者以此亦於此而繼之于以仰希其成憲之所在謨訓功烈識其大也禮樂文章識其小也紹之弗得弗措焉皇考常居之以正始者家也一陟一降端本者以此善則者以此亦於此而繼之于以近守其懿範

之所貽几席觴豆求其志也定省起居述其事也繼之弗能弗措焉將見循前人之迹或可以得前人之休拱穆清而正位凝命法之所在即休之所在也庶幾賴之以保吾之所未安優游者或以享而泮奐者或可期九重無震驚之虞亦吾克艱之一助耳不然身且不保成業可得而守乎亶聰明而垂憲貽謀法之所存即休之所存也庶幾賴之以啓吾之所未明不聽者或以擴而緝熙者或可至萬幾無叢脞之患亦吾

造哲之一資耳不然則身且不明盛治可得而致乎夫成王纘緒之圖如此其切此所以道無不合而克光前烈也歟大抵守成之君未有不得其祖宗之法而可以善其治者也成王繼序不忘乎心猶訪于臣而不自是於是羣臣進以敬之之戒而事天事親之道備矣噫君臣一心創守一道此所以就文武之業崇大化之本歟

春秋

楚子蔡侯次于厥貉文公十年公會宋公

8522

陳侯衛侯鄭伯許男曹伯晉趙盾癸酉同盟于新城 文公十有四年

謝紘

同考試官教諭陳 批 聖人予奪晉楚之意無非以謹君臣之義耳此作能發之而辭義嚴正自是關繫世教文字未可以塲屋之士目之

考試官署郎中華 批 謹嚴有法

考試官給事中陸 批 得傳意

夷惡逞而與國從春秋以大義奪之伯信講而

諸侯協春秋以大義予之夫君臣之義春秋之所謹也得不干晉楚之行事而予奪以見意哉且楚之行事猶夫晉耳而春秋每奪之者何吾觀其筆削於厥貉之舉而知之蓋楚以蠻夷而竊王號其負犯義之罪大矣今焉穆也將逞志於北方因按兵而脅宋是舉也藏禍心以憑諸夏也而陳鄭與宋從之蓋迫於禍難弗獲已耳若蔡無他虞乃輕爲服役得非樂於與類之從耶噫四夷雖大不過曰子王法所在夫誰敢不

嚴楚也實亂之而蔡人則甘心爲之羽翼是僭王之惡楚爲首而蔡亦其從也苟自此而或遷其志使禍及宗周君臣之義其與存者幾何春秋以尊周爲本者不能無懼乎此故削三國而書蔡侯以罪之奪從楚之蔡所以奪僭王之楚也若晉之行事猶夫楚耳而春秋每予之者何吾觀其致意於新城之盟而知之蓋晉自文襄已主夏盟其著仗義之略久矣今焉趙盾倡爲外楚之謀因講服貳之信是盟也抑強夷以安

周室也而陳鄭與宋在焉蓋出於同欲非強之矣雖蔡不預盟而決於從楚亦何害于衆志之同耶噫周德雖衰天命未改王室之憂其誰能弗恤晉也實念之而諸侯則協心為之股肱是尊王之舉晉為主而諸國其輔也苟繼此而益堅其從使威伸強楚君臣之義不尚亦有賴哉春秋以大義率人者不能不謹乎此故特書同盟以善之予從晉之諸侯所以予尊王之晉也其進退抑揚皆非苟然者夫豈有所私於其間

哉抑當是時動天下屬諸侯有大慼焉列國若罔聞知而盟好是講悖矣又況主之者晉卿而其君不預也春秋何善乎是而與之夫中國不振旅而蠻夷入伐是盟也猶有憂患防患之意焉且其事關於君臣夷夏之際春秋有不得不予之者矣嗚呼其衰世之意耶

齊人伐我北鄙　僖公二十有六年　楚公子

貞帥師伐鄭　襄公八年

羅洪

同考試官教諭陳　批　斐然之文奇氣溢發而敍事且極詳備錄此以警世之學春秋而忽傳註者

考試官署郎中華　批　詳贍

考試官給事中陸　批　不失題旨

稱王命以郤敵賢臣修辭之功背伯信以從夷大夫失職之罪此處禽之郤齊所以能安其國而予駟之從楚卒於不免其身也觀春秋所書而得失見矣當夫莒衞請平而我信因背齊以

從之一盟于洮再盟于向而齊人逞忿之兵至矣爲魯者苟如臧孫之謀不以義服而徒以賂免其何恥如之幸而柳下惠有辭以應敵而展喜實將膏沐之禮於是乎稱先王之命以對之不曰股肱周室之盟載書猶在則曰糾合諸侯之舉舊職未忘果爾其言未終而齊師遂退當是之時室如懸磬野無青草魯幾無以爲國微惠也誰安之從容應對以抑强暴之鋒偃息笑談而紓危亡之禍辭之有益蓋如此傳曰不有

君亡其能國乎斯之謂矣後此仲尼相魯秉禮而化强齊以惠方之殆庶幾哉當夫晉楚爭鄭而鄭人復侵蔡以怒之既敗其兵又獲其將而楚人問罪之師至矣爲鄭者能如子展之謀堅守老楚而杖信待晉其誰曰不可夫何公孫輒決謀以向楚而諸卿共執牛耳之盟於是乎背五會之信以從之晉君方明不能事也而親我無成楚之師將歸弗能待也而鄙我是欲果爲之良文而晉師又至自是之後犧牲玉帛待於

二竟鄭幾不免於亡則騑也實爲之忽陪貳之卿而甘心市井之行忘政本之重而終遺社稷之至憂謀之不臧孰甚焉詩曰誰生厲階至今爲梗斯之謂矣後此子產相鄭馳詞以當晉楚以騑視之不有愧哉蓋未幾有西宮之難騑與二卿死焉君子謂斯人之宜及此久矣春秋削其大夫所以示當官失職者之戒也抑又有可深慨者夫以展季之賢魯國賴之以安而終不見用雖臧孫之竊位蔽賢而魯僖亦不能無責矣

若公孫騑之謀所謂一言喪邦者顧其盟與否皆二三臣主之而君不與知焉此何爲者哉然則春秋所書不惟人臣謀國任事之鑒亦人君聽言用人之法也

禮記

故人情者聖王之田也脩禮以耕之陳義以種之講學以耨之本仁以聚之播樂以安之故禮也者義之實也協諸義而協則禮雖先王未之有可以義起也義

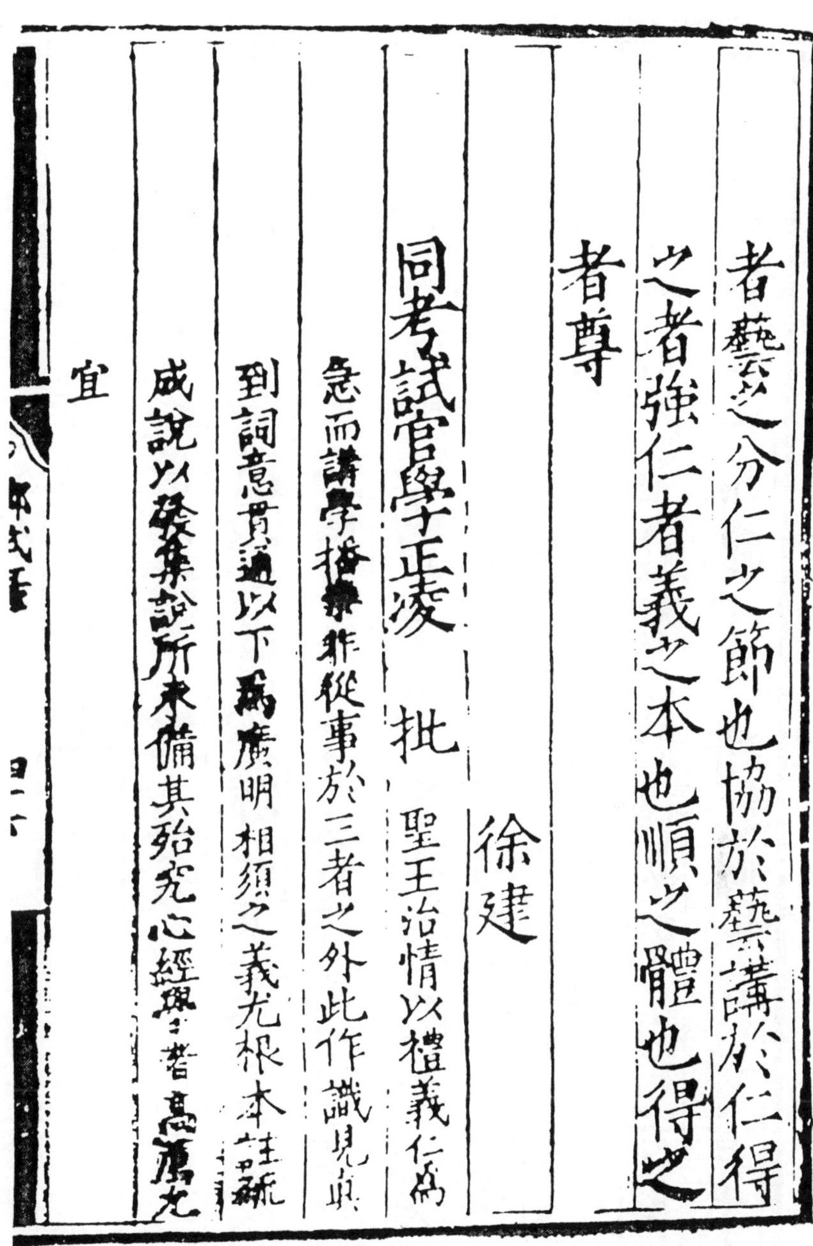

者藝之分仁之節也協於藝講於仁得
之者強仁者義之本也順之體也得之
者尊

徐建

同考試官學正淩　批　聖王治情以禮義仁爲
急而講學播[illegible]非從事於三者之外此作識見卓
到詞意貫通以下爲廣明相須之義尤根本註疏
成說以發集說所未備其殆究心經學者高應元
宜

考試官署郎中華　批　亦可與言禮矣

考試官給事中陸　批　纓審

記者敘聖王脩道以治情必深明其道有相須之義也夫聖王治情之道亦多矣序不可紊而義實相須此所以盡善而無弊歟記禮運者若曰農人耕種耨穫以治田聖王脩道以治人情是人情乃聖王之田也而治之何如夫禮者人情之防範可以濯舊習正持循也則品節于開導之初猶農夫舉趾于載耕之候然特習其事

耳義者事之宜也必陳義以示其裁制之方使善端滋長如播種而有生夫種之斯耨之矣於此有非義之義不能擇而去之也則講學以明之去非存是而義於是乎精焉然特明諸心耳仁者心之德也必本仁以要其合一之歸使心德渾全如既耨而有穫夫穫之斯得之矣於此而強仁利仁未遽至於安之也則播樂以養之詠歌舞蹈而仁於是乎熟焉夫治情之道如此然亦未始不相須也以禮言之視權度之推移

而經制由之以定非義之實乎若有事合於義而在所當爲則禮雖未有固可以義而創爲之制矣禮之義如此其廣也不觀諸義乎義也者爲藝之分限而協合其事宜爲仁之品節而量度其隆殺且得義者強足以有執也義之義如此其博也又不觀諸仁乎仁也者以全德則爲斯義之本以大用則爲百順之質且得仁者尊足以長人也夫禮義仁之相須如此學也者明此者也樂也者安此者也盡始終條理之功而

有曲暢旁通之妙則情無不治而禮制行矣其
斯以爲君人之大柄歟大抵禮者一定不易而
人情則曲折萬殊制禮本以治情也故必酌諸
義之權度藝之分量仁之文節以觀其會通然
後可以言禮雖三代因革與天地不磨者惟此
義之實耳若體信達順則仁之用塞乎兩間也
噫禮一也脩之則情其性矣廢之則性其情矣
是故先王愼其所以治情者
樂則安安則久久則天天則神

許來學

同考試官學正袁　批　樂音和平中正故致此以治心而感化之妙如此此作妙會是意而天神久安四字句句親切非有得於樂而窮神知化者不能

考試官署郎中華　批　此樂化章中精粹語而學者苦於無註子獨發揮明白且神字處與人異是之取爾

考試官給事中陸　批　語和而莊

善豫於中而馴致其妙此樂之治心然也甚矣
樂之入人深也既豫於中則有所得矣而安久
天神之妙有不馴致者哉且君子所貴乎樂者
無他正以治其心耳誠於和平中正之音以致
則易直子諒之心以生其不有所樂乎蓋善端
萌動悅意自爾其流通有義理以養其心也道
腴深味至趣悠然其自適有和粹以平其性也
夫心每患於不安爲其未能樂也既樂矣則豈
累之美優柔厭飫而外物無以撓其眞性分之

懿涵泳從容而非僻無以奪其守一何如其安乎夫心每難於持久爲其未能安也既安矣則心與理一確乎貞固不以始終而或違德惟日新卓乎堅定不以先後而或間又何如其久乎持之以久不但已也充養渾化而朕兆不萌于見聞存主純熟而機緘不涉於形迹即吾心固有之天而得乎渾然自成之妙矣非天而何既至于天不徒然也無聲無臭而淵乎幾微之默運無方無體而闃乎流動之不拘即吾心神明

之奧而入于變化莫測之中矣非神而何夫曰樂曰安曰久人道之所由至也曰天曰神天德之所由達也一致樂以治心而其妙如此君子之於樂也而可斯須去身哉抑此論君子治心之學至爲精切雖禮順樂和表裏交養而養於中者實爲之主故以禮治身不過嚴威而止樂之治心則至于天且神即子思之致中孟子之大化也要之聖人作樂之本端在于此故曰致禮樂之道舉而措之天下無難矣

第貳場

論

治天下者審所上

顧四科

同考試官教諭毛　批　筆勢滔滔波瀾千里而自有曲折往復之妙學者得之文體當爲一變

同考試官教諭吳　批　此題作者類以陳言綴緝成文是篇立意迥别而詞足以發之故錄

同考試官教諭宋　批　文氣秀發能士佳士

考試官署郎中華　批　清美圓健機軸自別

考試官給事中陸　批　脱去近時浮靡之習是

亦能審所上者

君子所以先天下者亦惟有定志而已天下之俗未始不自夫在上者為之也是故必有所上焉以先之者然而古之為治者其術亦甚不同也有先之以禮者矣有先之以刑者矣是二者其志不同故所上不同而俗之美惡因之此無他存乎審與不審

之間而已故夫治天下者莫先於定其志志定則所上無不審而天下之治幾矣嘗觀賈誼之論治有所謂審取舍者而匡衡告元帝亦曰治天下者審所上彼衡之言亦誼之遺說與夫二子者以爲刑罰之不如禮誼法令之不如教化而思以是易天下也其意亦美矣雖然天下之治則莫先於人主之有定志而二子者之論未之及也刑罰之不如禮誼也法令之不如教化

也世主亦知之矣然不能勉於此而顧安於彼者何也彼其志不先定則見之弗明而行之有弗力故也是故其道非難知而難擇非難擇而難守能擇能守可以言審所上矣而非有定志者其孰知之今夫法之所用易見而禮之所爲難知也人主之能無惑焉者鮮矣苟擬議之間稍有不當將有不勝其弊者故必辨之明而斷之决曉然見其若黑白之相去也而後從之夫

是之謂能擇天下固有知所上者也勉於一時而不能持之終身其心初向於道而異說入焉則有盡棄其所爲以從之者此尤君子之所愼焉而不敢忽也執此之政堅如金石持此之令信如四時吾之所上在是則舉天下無以加之夫是之謂能守能擇而後得所審能守而後所審者不易所審者不易夫然後推而行之則教化之流由內及外動之而和綏之而安民日遷

甚遠罪而不自知也而其俗有弗廓然大變者乎古之能審所上者其知之矣堯舜禹都俞唯諾而四方爲之風動文王之治岐也躬行于國中而兔罝漢廣之俗莫不化之何修而得此哉彼其爲政也本於身行於家自夫起居飲食之間而達之天下行之數十世而禮教不衰其積之有本而施之有漸如此者有定志故也彼以是爲不足法而以刑驅其民者秦是也是以棄

禮義捐廉恥而其俗日壞傳二世而禍亂
隨之嗟乎世主之欲審所上者亦舉三代
與秦之事觀之矣故曰取舍之極定於內
而安危之萌應於外其弗信乎吾觀夫西
漢之俗則亦有甚敝者蓋自文景武宣之
間則然而何有於孝元之衰世顧嘗考其
一時賢人君子之論議亦多懇懇於禮樂
教化而莫粹於董子正心之論此雖賈誼
未之及而陋儒若匡衡何足以知之然今

之言治則舍是而曰有定志云者何哉夫未有不定其志而能正其心者吾之言固董子意也學不足以知此而謂有二焉者是未足與言審所上也

同前　姜良翰

同考試官敎諭徐　批　士子類用匡衡語而重疊排比之是卷筆老意新而步驟衡逸真妙於文哉

同考試官教諭鄭 批 場中作論記者固多卒

掇拾腐說誇多鬬靡此卷獨能會題意於言外理

到而句亦工也

同考試官學正孫 批 此作波瀾無窮而源委

不紊讀之惟恐其盡是宜錄出

考試官署郎中華 批 詞氣充贍而亦不失程

文之矩度

考試官給事中陸 批 有議論有操縱他作鮮

及

聖人有先天下之見而後可以善其道於不窮夫聖人之道以治民也民之趨于治也恒不于其所治而于其治之所先何謂治之所先上者下之先也近者遠之先也聖人有見焉於是預爲之所裁度於一心推移於世變逆覩於斯民之所欲趨而鼓之以爲風漸之以爲化使相率而趨之不自知其由也夫然後惟吾之所欲爲而無不如意匡衡曰治天下者審所上此之謂

也夫有一代之興必有一代之尚尚也者一人作之百人和之一日行之百年從之其始也翕然而趨其旣也恬然而習其成也帖然而安尚而至於成則雖聖人不能以自挽挽之而天下不從是故聖人必審之於先而不敢以自易嘗觀古者聖人之作易也於泰則曰无平不陂无往不復於否則曰其亡其亡繫于苞桑而於賁則曰觀乎人文以化成天下聖人豈故深思而

過慮之直以天下之治不可以法病道道固萬世無弊而紛紜膠轕以變更乎天下者皆法也觀其變神其幾其預待乎天下後世者審矣故夏之尚忠也忠弊而商救之以質質弊而周則以文救之皆通於道而不離於法善其道於不窮者也雖然後世之徒法也久矣清靜而黃老之刻核而申韓之執一貫以御百慮而權謀功利之兹數者恒足以奔走天下之人而聖人則

育於仁陶於禮成於義而終不肯以彼易
此彼以厲吾恬以和彼以速吾安以鈍計
功程效而吾則疎宜乎後世之君深信彼
之有成而不吾尚也夫吾之治一道也非
徒法也彼雖不吾信而吾將見彼之日窮
矣此非神於幾達於變者孰能察識於心
術之微而審之也哉審之無異術也是其
所是必其非天下之公是也非其所非必
其非天下之公非也非非而是是者求之

君心之公也求之道也而非徒法也吾訂已定吾術已明諒其非而去之原其是而從之由是見微於泰以防天下之過也由是起教於否以約天下之趨也由是觀變於貫以成天下之文也明物采設典則天下之化成而民情樂彼之清靜無爲者吾弗尚之矣愼感孚妙鼓舞天下之風淸而習俗淳彼之綜核名實者吾弗尚之矣不識不知與天下相安於仁義禮樂之歸彼

之執實以御虛如權謀術數之類皆吾所棄焉者也吾又何求然則吾之所尚者皆道也而非徒法也苟不此之審而與天下日逐逐于赦令刑罰之末則雖强焉以必之而天下不從是何也不從其所治而從其治之所先也且刑者仁之薄也令者禮之衰也赦者義之竭也秖見其民日殘而俗日壞矣雖日赦而求其治不可得也古之聖人未嘗一日不審所尚以爲天下先

特以漢承乎秦而先王之良法美意幾盡
非惟不知所審且文帝過於仁而近于黃
老武帝過於義而近于權謀宣帝尚嚴刻
而近于刑名歷孝元而天下之弊極矣此
固識治體者所深憂也匡衡乃以斯言進
雖其言未發致審之要而亦深可取也已
善乎程子之言曰三代之治後世決可復
不以三代爲治者終苟道也嗚呼夷考乎
漢之諸君其不安於苟道也者幾希

表

擬宋開天章閣引輔臣入對參知政事范仲淹謝表 慶曆三年

費滂

同考試官教諭徐 批

表語駢麗已非古意而近代舉業復襲浮詞以益之趨愈下矣此篇剷華就實親切簡當得士如此豈獨重其文乎

同考試官教諭鄭 批

宋范質憚太祖英武每事具劄子進呈遂廢命坐面論之禮仁宗開閣引

對此致治之本也是作莊整得體讀之使人興起

同考試官學正孫　批　辭氣恭謹寫出希

愛至情宜錄以

獻

考試官署郎中華　批　典重不浮寓意懇切

考試官給事中陸　批　得宋人告君之意

慶曆三年某月某日伏蒙

開天章閣引輔臣入對者伏以

道隆交際鴻猷益懋于泰來義重彌綸

清問式勤於晉接當
萬幾之少暇識千載之一時表著聳觀薦紳
動色臣仲淹誠懽誠忭稽首頓首竊惟元
首得股肱而弘化宰輔贊天子以經邦二
典都俞濬開心學昌言厲翼洪慎面從一
家人父子之相親敦左右臣鄰之大義但
道隨時降而分與堂高坐論風衰恩覃造
膝疇咨日懈獻匪格心補過漢庭頒每違
于紫闥論思唐閤制旋廢乎正牙尋常僅

止趨班臨御多從畸日延英五刻便殿無
時或假借而强從或背議而少直徒沿故
事適俊彌文玆蓋伏遇
○○○○
聖功天監
神道民懷言路一開攬機權而獨運仁聲四
訖欽智男以無爲謂
三聖經綸文布昭回之象而百年禮樂當調未
解之弦不有盡善曷裨至理弘開

秘閣廣行論思尚手攜面命之風求苦口沃
心之助蓋禮意極其周至而
寵渥無復有加者也臣仲淹夙夜先憂致身
是願再三陳列多口玆懵方甘盡瘁於邊
防忽荷
深知于巷遇適當通變宜民之際可無補偏
救敝之陳言出心聲情因義激內外本末
其凡一十餘條興革後先冀采萬分之一
私切惓惓自許敢謂鑿鑿可行伏願

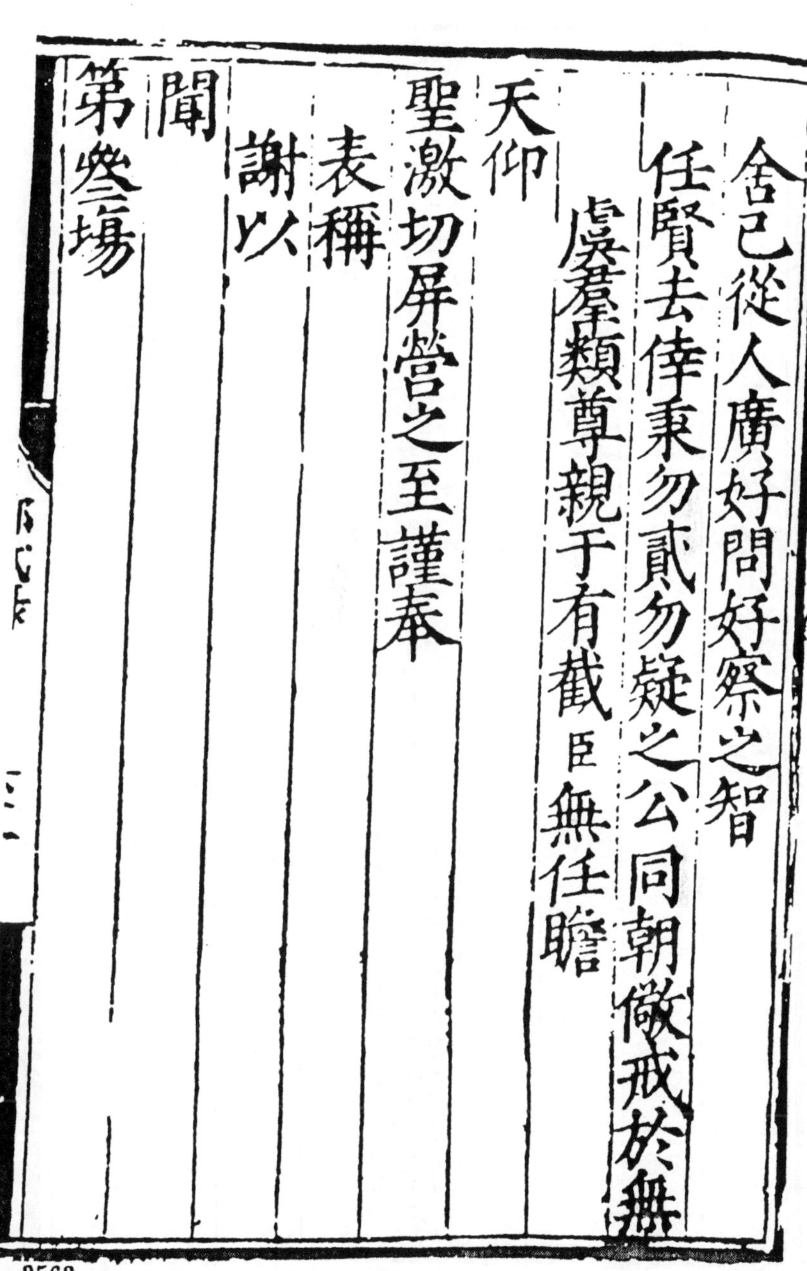

舍己從人廣好問好察之智
任賢去倖秉勿貳勿疑之公同朝儆戒於無
虞羣類尊親于有截臣無任瞻
天仰
聖激切屏營之至謹奉
表稱
謝以
聞
第叄場

策

第一問

周如底

同考試官教諭唐　批

皇祖垂訓之意詳密精深仁至義盡莫有加者此作能鋪敘揄揚見
所處亦皆有見一以法
祖睦親爲先是可爲
當宁獻矣

同考試官教諭林　批

聖祖貽謀盡善具在

祖訓誠

聖子

神孫所當世守也此策鋪張偉麗區畫詳審殆有識之士錄之以待

以其文哉

考試官署郎中華　批　此策關係

國家大務自非通達治體能仰窺我

聖祖垂訓之心者不能言也得此亦可以轉

開于

上矣

考試官給事中陸　批

朝廷體

聖祖之心以待

宗室者至矣但行未安止在隨宜處之耳子所言大抵有見末復

欲建白以通融之可謂卓識有言責者為子典感

矣

帝王之治天下本於仁義而行之必自近

始故親親之道恩以懷之而法以御之恩

施而濟以法則其恩不流於褻仁之至也
法立而先以恩則其法不傷於刻義之盡
也我
皇祖所以垂訓萬世之意惟此而在
今日繼述之道亦惟此而已請敬陳之嘗觀
古之有天下者必建宗親以藩王室然或
懐之以恩恩勝則流於褻故寵祿踰制者
啓奢僭之端或御之以法法勝則傷於刻
故防檢過密者致殫微之患其能盡善而

無弊者鮮矣肆我
皇祖創業之初深惟根本之慮擇良日王諸子
宰臣授冊宗伯授詔次第畢封而藩屏海
內者二十有四王既又親作
祖訓以授之歷六年七謄藁而始成所以貽燕
翼之謀至深遠也雖金匱石室之藏不可
窺見然其條章已出示臣民而見於學士
大夫之所敘述者亦詳矣其間如禮儀之
節法律之守職制之等兵衛之法營繕之

式供用之度宏綱大體粲然具列條貫品
式纖悉不遺維持保愛之意無所不至而
節制防範之道亦未嘗不行乎其間恩法
並施仁義兼得直足以傳之萬世而無弊
矣百六十年
聖子
神孫守為家法
朝廷隆敦敘之恩
諸藩膺忠謹之福自三代以還未有若是之

盛也執事乃以為猶有所未妥者殆弗然乎藉令有之而愚以為

皇祖之訓典具在

聖孝之繼述方隆舉而行之亦甚易爾夫祿賜不贍誠有可慮者愚以為莫若訓之以儉必也亦撙節之方以去其靡習且於歲時之給無所稽滯而屬之疏者則閒施不時之恩如古所謂以賑贍親兄弟之國者可也或者患其不繼則曰是何不繼也

國家之冗費多矣盍推其餘以厚同姓乎若
然庶可使無戚戚具爾之心如曹植所議
矣儉制稍踰亦不能無者愚以爲莫若示
之以禮必也重輔翼之任以謹其法守且
使誘惑之徒無由親昵而年之幼者則別
爲訓迪之法如古所謂庶子之正於公族
者可也或者病其難行則曰是何難行也
宗室之賢能多矣盍擇其人以爲之倡乎若
然庶可使有卓爾不羣之行如班固所稱

矣有文武才能依常調選用此

祖訓所以待

天族者不聞幷廢其姻戚也不然當時淑媛之選大抵出於勳閥至有一家數人者獨不慮其有他乎逆未形之患而棄有用之才似非所以勸親親也導王以義者必以

禮相待此

祖訓所以處藩僚者不聞禁絕其遷轉也不然當時侍從之臣大抵起於

藩府至有位登三事者豈可謂其無人乎居
輔導之任而同廢錮之流似非所以厚本
支也若是者在
祖訓無之而
本朝禮制諸書則草莽之臣未能徧考是雖
不敢斷然以爲無所據而推
皇祖垂訓之意則竊有知其不然者意者一時
有所懲創而其後遂因襲之乎
聖天子方率

祖攸行以親九族有能建白及此下
廷臣集議或有以通融之者一以廣因心之
孝一以開進賢之途顧不爲盛舉哉雖然
事關
宗室人所難言惟在上者以至公爲心主議
者以體國爲重念舊章之當復而不惟近
事之拘然後可望其必行耳大抵親親之
道雖貴於恩與法之並行然與其使法勝
恩也寧使恩勝法故曰仁可過也義不可

過也愚也頗以斯言爲
今日法
祖睦親之助
第二問
姜良翰
同考試官教諭徐　批
士習之係於教化固也
子言養之者有本而道之者有幾誠探本之論
同考試官教諭鄭　批
才氣渾厚立論不迂必
佳士也

同考試官學正孫　批　議論敷暢典實而末以
昭德見臨于上爲言其知風化之機者矣噫若忠
定所謂見善明用心剛者乎非其人乎
考試官署郎中華　批　國家以養士爲先而士
以不自失爲貴此策得之
考試官給事中陸　批　議論正大而文體莊重
可以觀所養矣
甚矣士習之有與於世道也貴乎充所養
以端其守而審所尚以道其趨夫義者士

之守也表位以旌義明王之所尚也孔子曰不患無位患所以立下焉者夫亦守吾義而已矣又曰舉善而教不能則勸上焉者夫亦提衡旌別而已矣蓋朝廷有教化然後士人有廉恥士人有廉恥然後天下有風俗事固有始而治必有機也嘗聞治世所貴乎位者三一曰貴道二曰貴禮三曰貴志貴道者師而不臣就而不召也貴禮者三揖而進一辭而退也貴志者不事

王侯高尚其事也所順乎位者三一曰道順二曰職順三曰心順道順者樂乎其義也職順者循乎其資也心順者安乎其分也後世所貴乎位者一而所輕乎位者五一曰貴貴貴者以貴高人也以貴相高則競生競生則逆逆則何貴之有是故高下失序則位輕班級不固則位輕遷轉煩瀆則位輕黜陟不明則位輕責任弗久則位輕夫位也者天位也天下之所寶也輕

則喪吾寶矣孰謂聖人握天之寶以貴天
下而可容競進於其間哉要之治世之所
由貴者以養而後世之所由輕者以競何
謂養有土者設爵祿車服禮樂于朝以待
天下之賢賢者脩仁義忠信孝悌於家以
需一時之用下能副其待則待者愈厚上
知厚乎下則下愈不自輕故能履三順以
享三貴也是之謂充所養以端其守後世
反是爵人者必俟于求無爵者不自進則

無由以得嗚呼求之則予不自進則不得此士之所以必於求進而競逆所由生也雖然良心不異乎古今而豪傑不移於習染未嘗厚士不可謂下無其人未嘗自重不可謂上無其人不觀東京節義之所由植乎一嚴光不仕而光武高之耳不觀希衣有貴於宰相之榮乎一李泌尚志而肅宗成之耳司馬池固辭諫官仁宗則命爲待制矣韓維不就廷試文彥博則薦乞甄

擢矣唐介復爲御史非以其私書不至京
師乎劉安世得充館職非以其書問不及
政府乎凡若此者皆表揚高潔之代以後
所僅見也是之謂審所尚以道其趨雖然
世之所尚隨時而異要在審其宜耳故庾
峻有曰退讓不可以刑罰使莫若聽朝士
時時從志山林往往間出游酢則曰欲人
人自好而相高以名節莫若朝廷之上倡
清議於天下李綱又曰欲息奔競莫若崇

靜退以率之靜退之士内有養見善明用心剛者也以類立朝必有可觀之三說者言雖不同其欲崇好尚以道之則一也劉光祖見士無廉靜言於朝曰其患在於不封植人材朝堂初無長養幸妙求人物朝野共厲者參錯立朝國勢自壯是說也深有得乎養士之意然亦有其本也我

國家之造士歛才也經術以陶之學校以羣之科第以羅之資格以劑之殿最以澄之

禮義廉恥長之育之德行道藝優之游之
所以充乎其養者純以備也右循良重正
直表內修奬恬退拔幽滯所以道其所尚
者廉以索也故自立國以來人才獨盛習
尚可觀而非漢唐宋所能及者正在此耳
執事乃慮士風尚未醇而冒進者或有欲
挽之以追隆古誠不可以他求也竊謂道
德之心勝則功名之念薄恬退之風盛則
急躁之圖沮很正之門開則驟遷之途塞

誠聽朝野名才間出互入廩廩自好名節相高則靜退者無淹抑而奔競者自無所容矣靜退者無淹抑則所謂妙求碩望崇立朝端者在是學術政理有宗廟堂滋長養之風人材自是封植而奔競者自知所化矣然於此有本焉必有至公至明之心昭臨于上而所以養之道之者一務乎實而不事乎虛文率之以漸持之以久則立教也有本運化也有機互輕之柄反乎上

三順之道成于下下上下交相貴而先王治
隆俗美之盛可立而俟矣

第三問

許來學

同考試官學正凌　批　聖賢之所以爲學博約
二字盡之矣此策以求諸內爲說學有根據而不
知支約一節最切今時學者之弊且文字不事馳
騁而步驟自與人殊是用錄之

考試官署郎中華　批　此策正欲觀學者之趨

向與其所得之淺深子能於心學之要敷析詳明確有定識將來造就予日望之

考試官給事中陸　批　朱子之道師範當世非末學可得妄議者然學如子靜要有所自得吾豈敢遽以為非哉他日願從子而極論之

學之道無他求諸內而已矣求諸內無他要其所歸而已矣天下之理必先求諸心知所往而後力行以要其至未有不知而能行者也其行之未至與幾至而畫者皆

知之未至也夫道若大路然吾心體諸日之明而光之照也日以明爲體以光爲用吾心以虛靈爲體神明爲用也亦弗蔽之而已矣弗蔽則虛虛則明矣吾心管攝乎衆理也虛明則純靜純靜則動以天矣聖人之學端不外此故孔門獨顏子以好學稱而其學所從入亦曰博文約禮而已夫文與禮者非他也性分之內天理粲然隨處發見各有條理昭而析之謂之文執而

安之謂之禮顯諸文藏諸禮而天下之學盡之矣顏子則明睿所照觸處洞然博約之功無所不至而皆用於人所不見之地有不可得而名言者其於禮也非禮也非禮之禮也悉精擇而禁止之過不再萌怒隨物釋以視以聽以言以動無適而非天理之周流秖見其服膺勿失也不遠復也不改其樂也而言語政事文章不與焉自得之學莫有深于顏子者子思之學問思

辨而要之於篤行孟子之博學詳說而要之於反約皆是物也自秦而下聖學失傳漢人索于訓詁唐人牽于詞章枝葉茂而本根離矣有宋周程三子者出始知聖道有在而顏氏爲眞傳也濂溪清明高遠超然獨得明道思索妙造以靜爲學伊川潛神靜閱敎人以敬而千載不傳之緒於是乎續傳之龜山則天資出人造養深遠德器蚤成吾道有託矣再傳之豫章則探索

本原洞見道體潛心力行任重詣極矣又傳之延平則默坐澄心體認天理驗一中於未發會覺處於靜極矣一脉相承深造自得踐履多於發用涵養多於講說孔顏之道不自此而一者乎然當時學者論格致每遺精微論中庸或淫於老佛至謂大本旣立則不必讀書可以逕造聖域蓋見周程之至而不知其所從入也於是朱子出焉啓之以致知本之以居敬而反躬以

踐其實其爲教也必始諸下學而著述獨
盛于前古極吾心之大用析百氏之異同
所謂集大成者是矣夫濂洛獨啓心傳於
詞章口耳盛行之餘而朱子乃救流弊於
馳心空渺之始一則予欲無言之旨一則
刪述垂憲之意也嗚呼朱子之用心若此
其慮後世也遠矣愚獨怪夫今之學者滯
章句以溺其心而無或進于道也豈朱子
之爲是教也將徒博而已乎夫亦擴我聰

明之實耳今之學者或涉獵章句或綴緝
詞章佔畢而言性命道德之不離于口肆
筆而書習爲奇僻甚至不能以句則曰學
云學云而不知身心性情爲何物由朱子
觀之其異于俗學也者幾希豈顏子之所
謂博乎無惑乎其不知約也夫學之爲道
未有不知要而能博者亦未有不博而能
逕約者故曰耳目之官不思而蔽於物心
之官則思思則得之博必資於耳目而耳

目則役于心心固萬理咸具也其所謂蔽
者有二查滓以渾淆於有生之初邪僞以
汙壞於既長之後不知省察慎獨而溺心
章句譬諸目翳交蔽坐于寶藏之中不自
知其所有也其必讀書以破愚以格物窮
理使吾心之蔽光明四達萬理昭見而不
可勝用夫然後謂之博耳程子曰聖賢千
言萬語欲人將已放之心約之使反復入
身來朱子亦以居敬窮理互相發為讀書

之要夫亦求博于吾心之智則今之學者之弊亦庶乎其可救矣或者乃曰盍亦以子靜之學救之乎夫子靜尊德性而先立乎其大者自是高明獨得之學有子靜之資斯可矣惟恐不善學者後致知而先行事將必至發書而不讀則識見不充蘊蓄不大無復經綸大經焉而理學之功用狹矣夫子靜之學一也善學者則進于高明不善學者則馳于空渺存乎人之自識

而非所以示人也敎人者亦曰讀書窮理求博于吾心之智而反之約也約之維何仁人心也顏子自視聽言動以至不違亦約諸仁耳約而未至于仁仁而或在或亡不足以言約也其博也以智而其約也以仁何往而非心學哉愚故曰求諸內而已矣要其所歸而已矣

第四問

俞介

同考試官教諭毛 批 識見高遠愛國憂民之念溢於言表經世之學也

同考試官教諭吳 批 推原東南之患起於賦重最爲有見而末三弊之說尤甚警切所謂豪傑之士非耶

同考試官教諭宋 批 東南之地財賦所仰給關係匪細是策于致弊之由補弊之法歷歷條答無遺非平日究心于時務者詎不及此讀之令人起敬

考試官署郎中華 批 東南利病夫人能言之
未有善處如是者所謂識時務者子其人耶

考試官給事中陸 批 議論切中時弊而規畫
皆有定見當路者得是說而推行之吳浙之民其
有瘳乎

古所謂豪傑之士必其能通於世務者也
執事之意蓋以是望諸生而愚也豈其人
哉雖然天下之事非愚所知而東南之利
病則習聞之矣執事之問及之愚其容默

乎夫東南之地自晉宋以來蓋已日趨於富庶非復往時厥田下下之舊已若今嘉湖與蘇松諸郡民力勤而物產盛則財賦因之加多固也然嘗考前代賦額皆莫有重於今者雖

國初猶不至是也蓋自永樂以後漕運既遠且凡雜征汎賦一切取給于其中而加耗日重至于今日極矣洪武開創之初軍國之用甚廣然猶屢下蠲租之

詔宣德間亦嘗降
旨減蘇郡賦額至七十餘萬石當其時民未甚
病也矧疲弊如今而可無以寬之哉夫賦
額一定誠有未可輕議者彼舊逋之積能
捐以予民如洪武之
詔額外之入能稍為節省如宣德之
旨奚獨不可乎雖然
聖天子賢公卿在上茍有意於養民而本末之
政兼舉其久也雖一定之賦亦安知其終

不可藏哉蓋今日爲東南之患者固難縷數而其原皆起於賦重苟於此有以處之則其他如執事所憂者固可以漸而去也夫昔之民長鄉賦者督其賦之入而已今則廚傳饋遺百需萃焉重以胥吏假羊豪强逋負歲運則利歸於姦民交糾則力屈於悍卒誠舉是數者悉去之且使長民者無徒以威虐加之而有體悉愛護之意則亦庶幾其有瘳乎輸納之費在於徵有司

之苛刻絕胥吏之旁緣而爭涉
中禁又能不以宮府有所異同俾外廷得制
其出入則或可省矣徭役之制舉十年之
力而盡於一時既非所堪而九等之數奸
人又得上下其手必也計里而受役論丁
以出庸舉周文襄之舊法而復之乎田賦
之則自巧歷者所不能算而以喻愚氓難
矣今欲計其所入之數而均之於田使較
若畫一足以杜詭射之弊而豪貴不便自

非主計之臣誠心經理無為身謀而
廟堂之上剛斷不惑未易行也民多轉徙而荒
蕪未闢賦役不均之所致耳而其閭亦不
能無所欺蔽固有冒其名而享膏腴之利
有其實而蒙督責之擾者今必先覈其眞
僞然後盡蠲舊逋與之更始而於願耕之
民厚加優恤庶乎有開墾之漸而紓公私
之累矣水利之不修則主其事者憚於任
怨而弗躬親之耳誠得果敢有為者任之

按圖籍以尋源委之迹懲豪猾以復陂堰之利嚴脩築以固隄防之設時疏濬以續已成之功且無與水爭尺寸而多為之委以瀦滀之又何旱潦涸溢之足患哉夫是數者皆方今迫切之憂有志者所欲亟圖而終莫能遂則有故矣吏之不肖者監司容養而不問曰惜其出於科目也愛其善於承迎也是故吏得以肆于民上而無忌此一弊也昔之主計大臣任之久者至二

十餘年而郡縣親民之吏亦七八年五六年而後遷也今也歲歲易之彼雖賢者亦不暇行其志矣此一弊也在上者求治甚切也然吏之奉行者取具文移而無實是以

詔書每下詞意懇惻士民欣欣而蔹耆老吏已相與竊笑之彼知其文雖美而其實終無所成耳此一弊也使此三弊而不去則雖有良法莫爲之經理求民之息宵終不可

3604

得矣夫當積蠹大壞之餘而欲求經常簡易之説不先從其要者圖之雖一日一白變法豈有益哉執事苟不以愚言爲迂妄而有取焉豈惟東南雖推之天下可也

第五問

謝紘

同考試官教諭陳　批　爲政國之大事固儒者所當究心也士子所對殊爲疎略晚得此策條答數暢考據詳明而議論整整讀之令人忘倦吾知

斯人行且空乏與共之者矣

考試官署郎中華　批　此策救弊窮源而得其處之之要他日有位亦何施而不可

考試官給事中陸　批　馬政策詳贍且究東南之士而能具知西北之利害亦難得矣

馬政之不善未有甚於今日者也在民有無窮之害而於國無纖毫之益當是時雖吾

祖宗之舊法有不能盡行者矣乃欲議及於用

官之政難矣哉雖然有治人無治法法之立也不能保其無弊變而通之亦存乎人焉爾矣嘗讀周禮而知周公留意於馬政之切也掌邦政者以司馬名之蓋示戎事之莫急於此而其屬則有校人掌王六馬有庾人掌十二閑趣馬齊其節巫馬治其疾馬質平其賈牧師掌其地圉師主其教圉人供其役設官多而立法詳若是聖人之所重者亦可識矣至其取之於民則以

六千四百井之地而出馬百乘積而數之誠若不可勝計而視後世則已省矣矧自其井牧之法行而上下之間聯絡通貫國有大事不待徵發之勞而無弗具集事已兵休則渙然復故而已亦何病於擾哉由周而來言馬政者凡幾變矣牧之官者典守怠而侵牟起則病於國牧之民者亡失多而輸納困則妨於民而

本朝實兼受其弊在今日則耗散窘迫之勢

極矣誠宜亟處而不容已者以民牧之法言之則宋熙寧保馬之舊也然牧必計丁不問其願否不貲其他役則其害視宋益甚矣芻秣孳生有供給之繁倒失有陪納之費其所養且多羸劣無益戎行河洛齊魯兩畿之民日困而

國家曾未得其利也爲今之計亦惟優恤貧弱蠲其舊逋令民當出馬者輸直有差而不復歲課其駒之入至於畿內之寄養孳

生者則官自牧之而不以煩民可矣近時
丘文莊公嘗論此欲即里社為廒舍寓官
牧於民養是或一說然愚恐其如昔人社
倉之制終貽擾民之害此或未易行耳以
招易之法言之亦宋熙寧茶馬之遺也然
名曰差發如田之有賦如身之有庸則國
體視彼為尊矣自金牌之制廢而私易行
給蕃之茶僞而官市沮故所得大抵駑下
徒費茶養洮河西寧三衛之卒苦之而邊

方非全賴其用也爲今之計亦惟嚴設屯戍以遏私販令茶之輸官者每篦皆精而仍復往年招商之舊至於諸邊之奏乞開中者則弗狥其請而專以易馬可矣近時李文正公嘗論此欲增馬直以啖羣胡捐微利以收奇駿是誠良策然愚則以爲我

聖祖差發之設實寓制戎之機此所當先復耳

抑馬政有可議者惟牧於官爲善而執事之間未之及也今欲振而起之則有二說

焉得其地也得其人也夫燕薊之地馬之
所生而秦隴汧渭之間有唐人監牧之迹
今草場侵没而曠土多汙萊矣能覈實以
歸官則芻牧何患乎無資廐寺之官牧政
所寄而撫諭巡察之職又督率作興之機
今選用滅裂而更代者不常矣能精擇而
久任則綱紀何患乎不舉如是則可以復
祖宗之政而侵據有罰倒失有罰尅減盜易者
有罰凡可以為馬之害無不去也可以行

周官之政而攻駒有法講馭有法游牝去特者有法凡可以爲馬之利者無不興也亦何必襲宋人之弊法以重困吾民哉雖然得其地易得其人難是二者之輕重亦可知也故曰存乎人焉爾矣

浙江鄉試録後序

我
高皇帝立國之明年即建學弘化
又明年
詔開科取士俾士各專一經以効
用諸所科條盡剗漢唐以來
苟簡之規而毆之古將以成

全才也是以百六十年于兹
涵育既久人文蔚達昌大行
溢之才相望于海内顧各省
校文專限學職而議其不便
者亦久矣恭遇
皇上釐攸更化百度咸貞時惟戊
子鄉試爰稽故事分

遣廷臣爲各省考試官錄士之
文率尚平實爾雅思得醇篤
眞材以資化理乃六月丁卯
上方精白戴嘗以承休慶而臣粲
臣鑰寔受
命典試浙中深以謭劣弗稱是懼
至則合諸事事者鎖院試之

三而防檢經理加密矣因得
一省多士之文而熟觀之淵
乎理之奧也浩乎政之藏也
蔚乎氣之光也文運道化風
行海流顧兹藩亦極盛也已
竊嘗論之理精矣貴得也政
達矣貴純也文盛矣貴一不窮

也天下之盛而久久而不窮者鮮矣聖人垂衣裳而天下治爲其實有得而用無窮也夫自渾淪初闢凡幾闢明而後道法始備道法既立凡幾述作而後六經始成六經也者天地聖人之精蘊也學者

舍是無以學治者舍是無以治而顧使之專守其一以器天下之才賢何哉於乎易以神變書以彌化詩以長善春秋以精義禮以密而樂以宣其入不同其歸一也天下之業專則精精則得得則久久

則通通則一不專則不信不
達而無所於得百物匱而六
學窮矣啟示之以弗兼寔引
而深之以俟其通耳若或施
之有政而弗果於用畏且遷
焉弗周于用窒且踣焉則六
經一筌蹄耳矣而亦何貴於

專哉我
皇祖首詔作成之意殆不若是也
夫豈獨作成之意有在我
皇上今日
側席之懷亦夫人所可測而知
也諸士子獲登兹選幾於專
以精矣博以達矣其將守之

8622

終身而弗與弗遷矣乎其將局於一藝而弗利弗安矣乎今之登茲選者固他日致用之地也敢於試事告竣因以諭之

承德郎兵部武庫清吏司署郎中事主事華一綸謹序

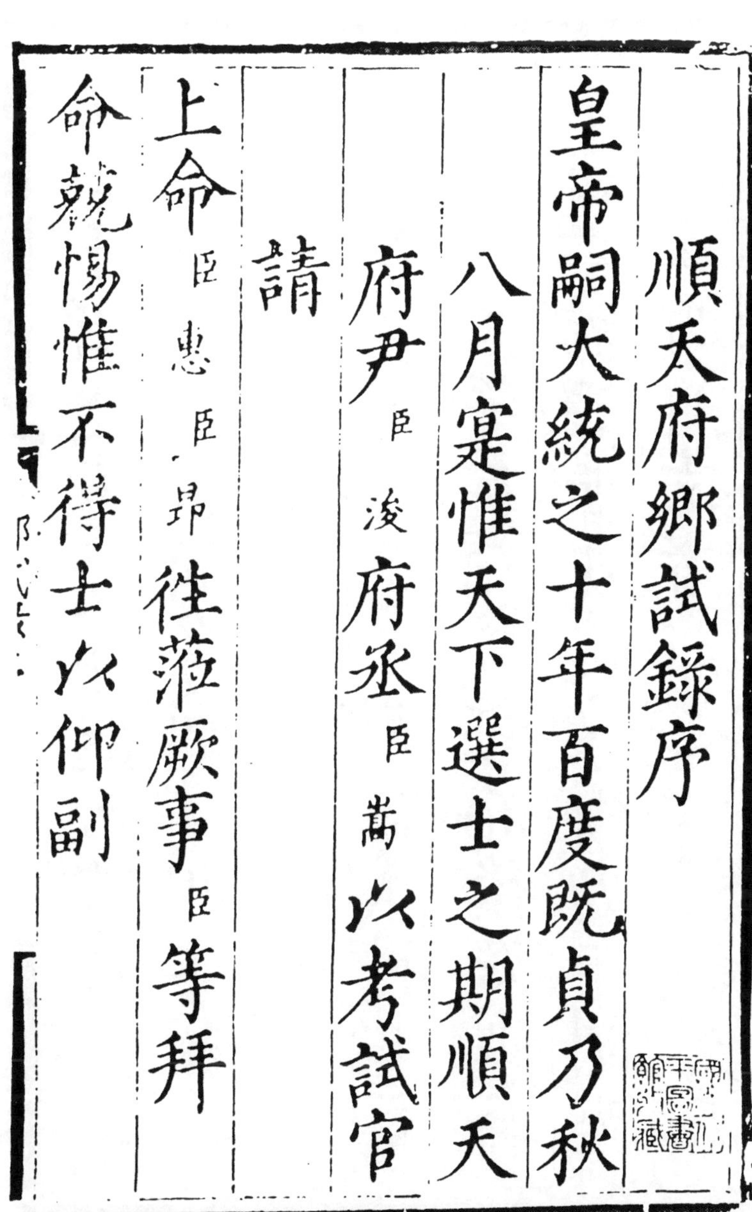

順天府鄉試錄序

皇帝嗣大統之十年百度既貞乃秋

八月寔惟天下選士之期順天

府尹臣浚府丞臣嵩以考試官

請

上命臣惠臣昂往蒞厥事臣等拜

命兢惕惟不得士以仰副

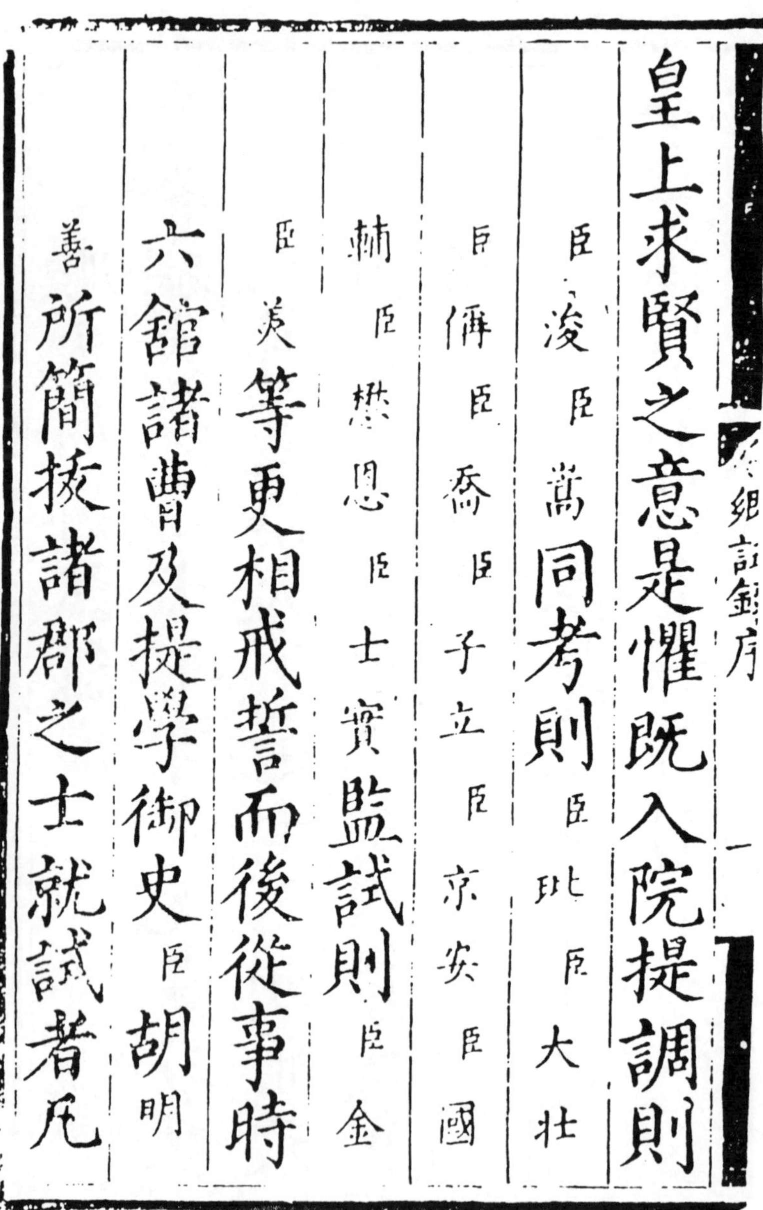
皇上求賢之意是懼既入院提調則
臣浚臣萬同考則臣玭臣大壯
臣僩臣喬臣子立臣京安臣國
輔臣懋恩臣士實監試則臣金
臣美等更相戒誓而後從事時
六館諸曹及提學御史臣胡明
善所簡拔諸郡之士就試者凡

一千九百有奇遵
定額取百三十有五人并刻其文
二十篇彙爲錄凡再旬而事始
竣臣惟我
國家設科以待天下之才惟試之
以文者蓋人之言行恒相須而
文又言之精者也故聖賢每於

是觀人焉遑日披閱則見其文皆脫去浮華典雅而醇確雄深而渾厚其蒼然之色油然之光亦自充蔚而不可遏乃歛衽而歎曰文遽至是哉蓋嘗竊論之

我

國家之文迨今無慮三變粤自宋

末文體萎薾雕刻及於元極矣
太祖高皇帝當天下甫定即謂翰林
侍讀學士詹同等曰古人為文
章或以明道德或以通當世之
務如典謨之言皆明白易知無
深怪險僻之語近世文士詞雖
艱深意實淺近自今為文無事

華藻

聖諭明切如此故風聲所至家修人
厲文章爾雅有三代風馴致成
化以後接于正德則文日趨於
盛本根微而枝葉勝視
國初稍異矣于時有識者深有憂
焉間嘗形之論議欲矯正之末

能也我
皇上御極以来凡禮樂制度一切復
古以還
國初之舊且率以
身先之而又諄複
詔告以文之弊為戒故風動神速
其功化乃爾豈偶然之故哉昔

人謂文章與時高下夫文出於人若無與於時者而不知時實為之也雖然文之質亦豈易能哉蓋惟有德者則不得已而有言其所言皆出於其所謂誠然者故其言自簡出此則無得於中而欲肆於外以眩其名實非

剽竊以為富則峭刻以為奇不惟無益於世而其害有不可勝言者其所繫豈薄物細故也哉今諸士子之文亹亹皆有德之言主司以是取焉繼自今將進之禮闈而叙用有日矣其尚益修厥德俾異時言足以鳴

國家之盛道足以成天下之務於
是科稱得人於天下天下共景
慕之曰此真稱其為
王畿士哉庶上不負
聖天子之所作養而主司者亦與有
光矣故於終特申懋之
翰林院侍講學士奉直大夫吳

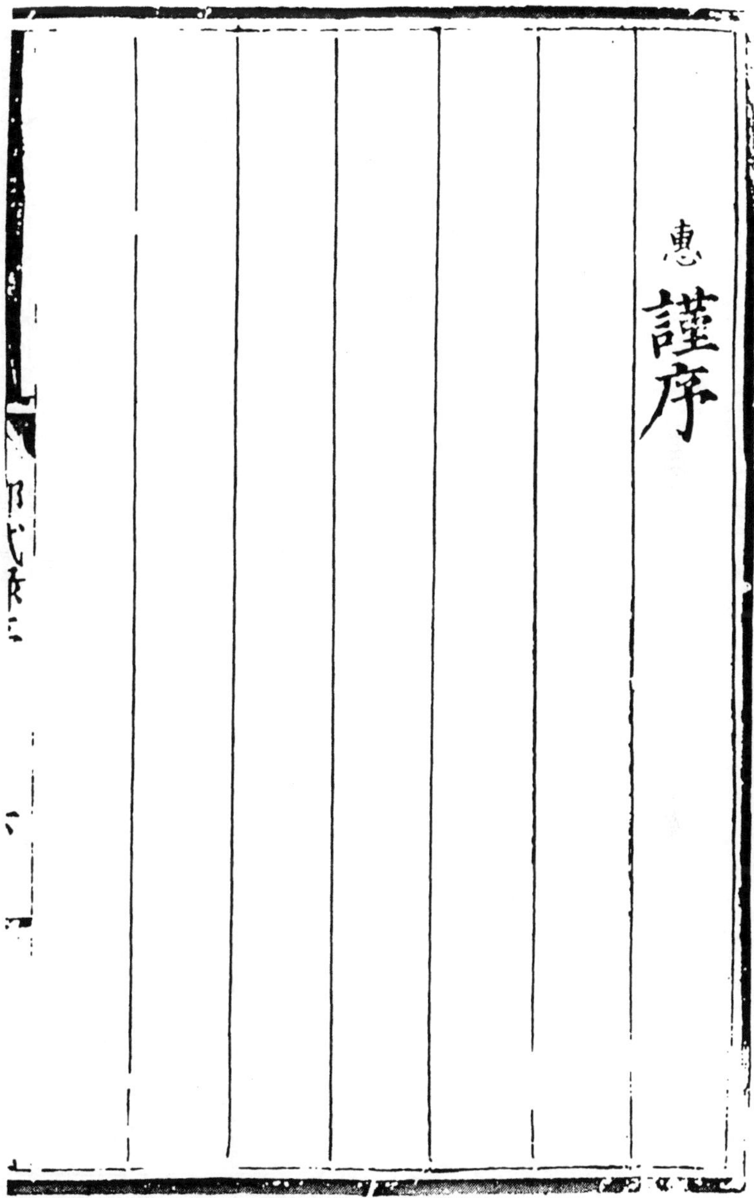

惠謹序

嘉靖十年順天府鄉試

提調官

嘉議大夫順天府府尹王　浚　德深浙江建德縣人戊辰進士

中順大夫順天府府丞張　嵩　中泉四川成都前衛籍河南南陽縣人丁丑進士

考試官

翰林院侍講學士奉直大夫吳　惠　仁甫浙江鄞縣人辛未進士

承務郎右春坊右贊善蔡　昂　衡仲直隸淮安衛籍嘉定縣人甲戌進士

同考試官

徵仕郎刑部廣東清吏司署員外郎事司副吳　玭　汝瑩浙江錢塘縣人癸未進士

承直郎戶部山東清吏司主事陳大壯 子晉河南洛陽縣人 己丑進士

承德郎刑部江西清吏司主事諸　偁 湯伯浙江秀水縣人 丁丑進士

迪功郎行人司行人張子立 原禮山東莒縣人 丙戌進士

迪功郎行人司行人柯　喬 遷之直隸青陽縣人 己丑進士

福建建寧府儒學教授張京安 康甫直隸常熟縣人 癸未進士

浙江金華府金華縣儒學教諭林國輔 思貞福建莆田縣人 壬午貢士

江西饒州府德興縣儒學教諭黃懋恩 善推福建莆田縣人 壬午貢士

廣東廣州府新會縣儒學教諭羅士賓 充美廣西柳城縣人 壬午貢士

監試官

文林郎浙江道監察御史石金　南仲湖廣黃梅縣人　辛未進士

文林郎湖廣道監察御史李美　充實四川綿州人　甲戌進士

印卷官

奉議大夫順天府治中楊承祺　汝吉河南儀封縣人　官生

收掌試卷官

福建泉州府通判胡寧道　大器直隸江陰縣人　乙卯貢士

受卷官

福建延平府永安縣知縣時錦　文成浙江慈谿縣人　辛酉貢士

湖廣常德府武陵縣知縣李蘭　邦秀浙江餘杭縣人　甲子貢士

彌封官

河南開封府蘭陽縣知縣高棟　伯極山東魚臺縣人 丙子貢士

湖廣衡州府耒陽縣知縣李宗暘　晉之廣西臨桂縣人 己卯貢士

謄錄官

廣西南寧府橫州知州李道全　時行廣東四會縣人 庚午貢士

湖廣常德府沅江縣知縣劉　祚　子延河南信陽州人 丙子貢士

對讀官

廣東高州府電白縣知縣黃　敎　文賓江西崇仁縣人 庚午貢士

廣東潮州府海陽縣知縣陳士載　以文福建莆田縣人 癸酉貢士

巡綽官

山東臨清衛指揮使戈京　景高直隸定遠縣人

直隸滁州衛指揮同知謝廷蘭　德馨直隸舒城縣人

山東威海衛指揮同知阮珣　國瑞直隸山陽縣人

山東萊州衛指揮同知李芬　世美湖廣江夏縣人

監門官

鳳陽衛指揮同知楊銳　晉卿直隸沛縣人

山東濟南衛指揮僉事李鏞　振聲直隸盱眙縣人

供給官

順天府經歷司知事胡蘭　汝芳江西萬年縣人　功生

順天府照磨所照磨楊承宗　紹先陝西鳳翔縣人　監生

順天府宛平縣知縣周伊　希賢山西陽曲縣人　官生

順天府大興縣知縣趙孜　勉之河南汝陽縣人　丁卯貢士

順天府宛平縣縣丞周淵　孔源遼東復州衛人　監生

順天府宛平縣主簿許東明　必照山東平山衛人　監生

順天府大興縣縣丞侯壐　君寶山東諸城縣人　監生

順天府大興縣縣丞李焜　宗玉河南澠池縣人　監生

通州左衛經歷司經歷趙暈　應瞻直隸武進縣人　監生

順天府良鄉縣縣丞徐兆 行之江西樂平縣人 監生

順天府寶坻縣主簿王卿 廷命河南光山縣人 監生

順天府涿州涿鹿驛驛丞胡廷璠 鍾貴浙江會稽縣人 承差

順天府密雲縣密雲驛驛丞盧達 成哲山東東阿縣人 承差

順天府薊州漁陽驛驛丞蔣珍 質儒山西陽曲縣人 承差

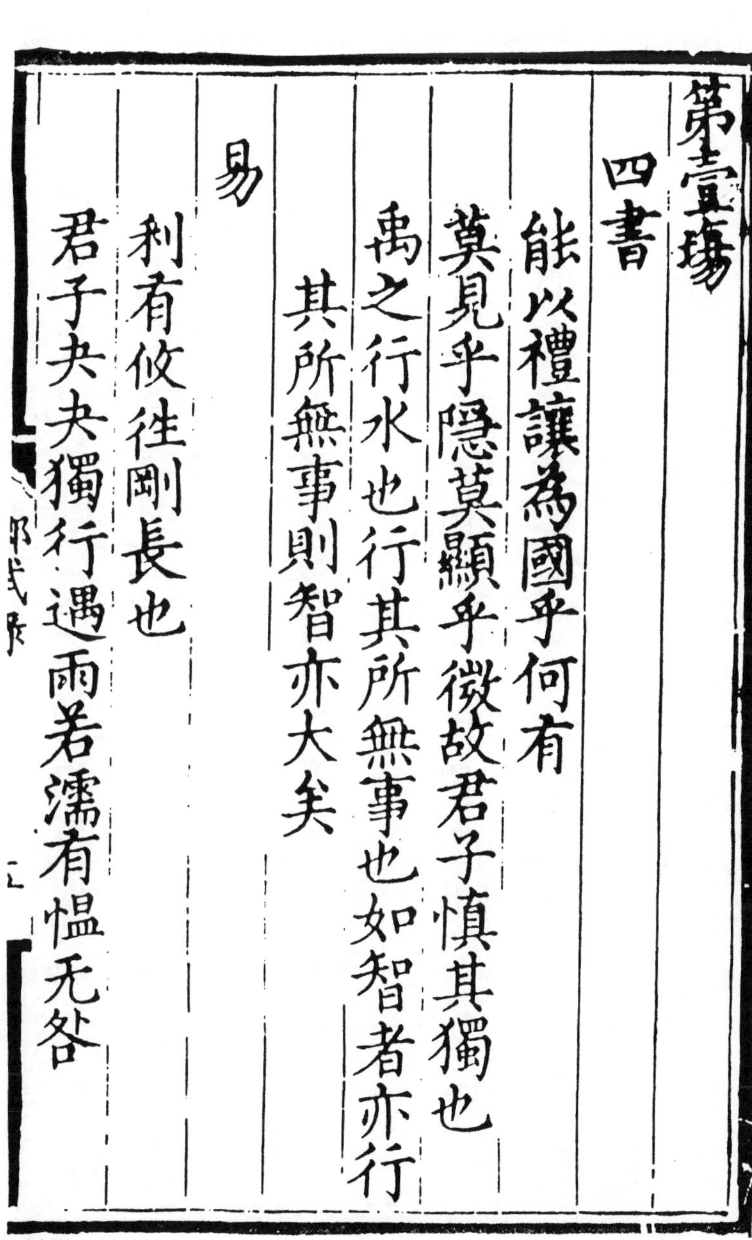

第壹場

四書

能以禮讓為國乎何有

莫見乎隱莫顯乎微故君子慎其獨也

禹之行水也行其所無事也如智者亦行其所無事則智亦大矣

易

利有攸往剛長也

君子夬夬獨行遇雨若濡有慍无咎

範圍天地之化而不過曲成萬物而不遺
通乎晝夜之道而知故神无方而易无
體
彖者材也爻也者效天下之動者也
書
帝庸作歌曰勑天之命惟時惟幾乃歌曰
股肱喜哉元首起哉百工熙哉皋陶拜
手稽首颺言曰念哉率作興事愼乃憲
欽哉屢省乃成欽哉乃賡載歌曰元首

明哉股肱良哉庶事康哉

能自得師者王

內有百揆四岳外有州牧侯伯

三后協心同底于道

詩

菁菁者莪在彼中陵既見君子錫我百朋

樂彼之園爰有樹檀其下維蘀

豈弟君子民之父母

我將我享維羊維牛維天其右之儀式刑

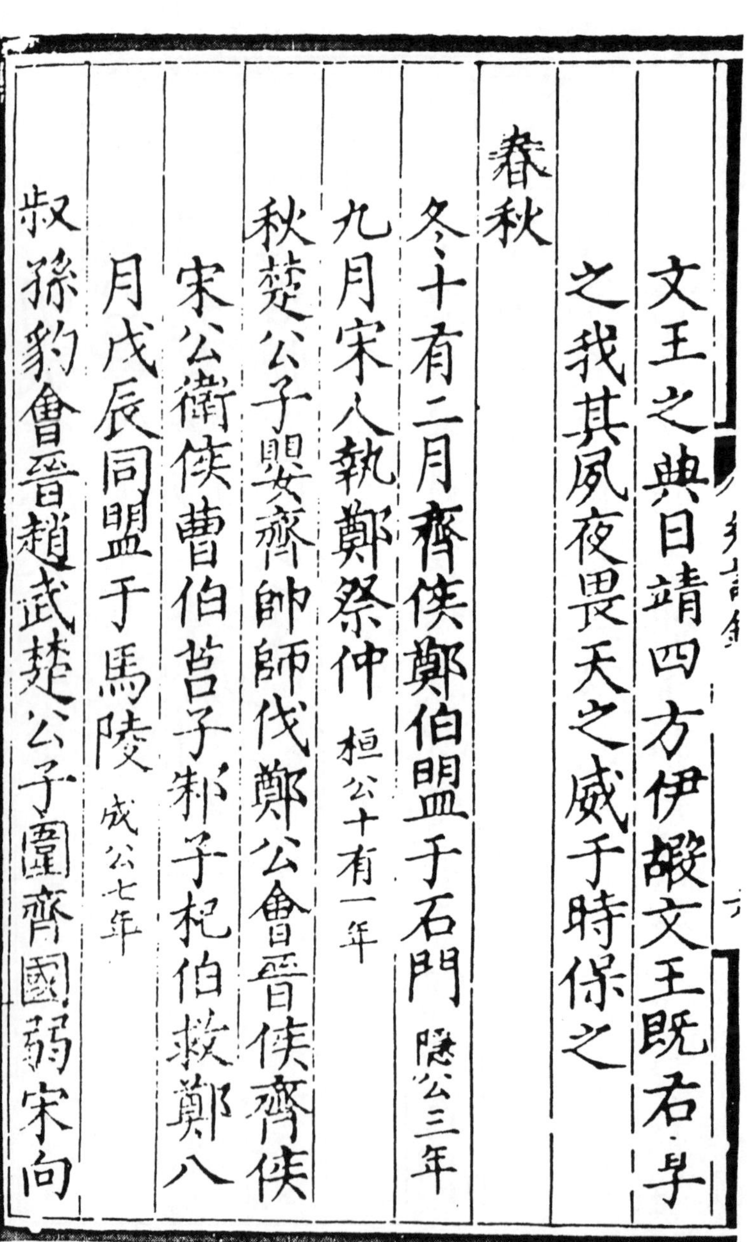

文王之典日靖四方伊嘏文王既右享之我其夙夜畏天之威于時保之

春秋

冬十有二月齊侯鄭伯盟于石門　隱公三年

九月宋人執鄭祭仲　桓公十有一年

秋楚公子嬰齊帥師伐鄭公會晉侯齊侯宋公衛侯曹伯莒子邾子杞伯救鄭八月戊辰同盟于馬陵　成公七年

叔孫豹會晉趙武楚公子圍齊國弱宋向

戍衛齊惡陳公子招蔡公孫歸生鄭罕

虎許人曹人于虢 昭公元年 夏楚子蔡侯

陳侯鄭伯許男徐子滕子頓子胡子沈

子小邾子宋世子佐淮夷會于申 昭公四年

禮記

義者藝之分仁之節也協於藝講於仁得

之者强

是故君子之於禮也非作而致其情也此

有由始也

樂者音之所由生也其本在人心之感於物也

言而履之禮也行而樂之樂也君子力此二者以南面而立夫是以天下大平也

第貳塲

論

聖人能使天下順治

詔誥表 內科一道

擬漢遣太中大夫循行天下詔 元康四年

擬唐以褚遂良爲黄門侍郎參預朝政誥

貞觀十八年

擬宋崇政殿說書趙師民進勸講箴表慶

暦四年

判語 五條

封掌印信

錢糧互相覺察

上書陳言

軍民約會詞訟

長官使人有犯

第參場

策五道

問

祖德者所以承藉天命維繫人心之本也自古知崇祖者惟商周為然其載諸雅頌者可考也我

祖宗功德之隆與商周並天下臣民涵濡樂育於覆冐之下管窺蠡測有莫知天地之

為高厚者洪惟我
宣宗章皇帝作
祖德詩凡九章我
皇上和而繼之又增加之凡十有四章
聖人之文得於天性發之
宸翰真渢渢乎雅頌之音也於戲休哉邇者
皇上以金匱石室之藏須
賜近臣於是傳播遐邇天下始得以仰窺
帝王制作之大

祖宗功德之隆其宏綱要旨可數而敬陳之歟
其間鋪張纂述若又有出於商周之所
未備者可指而言之歟試詳言之以彰
昭代之盛
問王者所居曰京師曰天邑然其始建必
當六合之上游若堯舜禹之都冀方是
已至於兩京並建則始自成周而後之
有國者往往因之今觀成王都鎬蓋承
武王之後其作洛則武王之意而周公

成之也當是時王業向盛百度聿興所以承天休而守成業豈無其道而必汲汲於此何歟抑別有說歟傳稱成王定鼎于郟鄏卜年七百卜世三十然歟否歟周以後享國長久莫如漢唐宋其建置形勢亦有强弱之可言歟宋初都汴因五代之舊也及仁宗之世臣下請修洛陽為從都關中之漸則古今形勝關中為上洛陽其次也何周家君臣乃欲

舍鎬以就洛歟豈其智反出宋臣之下
歟洪惟我
太祖高皇帝建都于南至我
太宗文皇帝繼之徙都于北其建置形勢誠遠
邁成周而卜世之隆將與天無極漢唐
宋不足言矣說者謂天下財賦出于東
南
南都為其會戎馬盛于西北
京師為其樞不知

祖宗建置之初意如斯而已乎抑亦有進於是
者乎
都在前代甞有據之者顧其人不足以當
之而實天意有待於
今日也茲欲保此盛于萬年宜必有道而非
慮深見遠者孰能及之請著于篇将以
轉
聞于
上

問昔人謂求才貴廣考課貴精茲二者勢若相反而實則相成固不可偏廢也然求才貴廣則無容議矣惟考課貴精之說若有未易言者夫人之難知聖哲猶病今欲以一切之法而於人之才德功實可按籍以定法果若是可恃乎歷代考課自周漢唐宋以來互有不同而任法任人儒先間嘗有析衷之論亦可指其槩而言之歟

國家監觀前代而著爲成法行之百六十年
得人之盛比迹成周誠有非漢以下可
望者未知與古同乎否也我
皇上益加詳慎雖付其法於有司毋
戒諭訓飭惟恐輕用已私以傷天下之公
恩至渥也當厥任者其將何以祗承仰答以
副
聖心之萬一乎諸士子得於所聞見久矣猶斟
酌古今以告我

問天下不可一日而無史亦不可一日無史官無史官是無史也三代聖王有左右史以記言動而當其任者又皆極一時之選故出入起居罔有弗欽發號施令罔有弗臧而有以基天下之治後世有禁中起居注有起居郎舍人是亦左右史之遺意也不知得人舉職亦有三代之盛否歟唐初以他官兼知起居事宰臣上殿議政事起居郎得執簡記錄

立法善矣然僅及再傳而遂廢何歟宋
以兩府撰時政記三館修起居注不可
謂不重矣然猶有欲書而不得書與欲
書而不敢書者何歟其臣有因人君欲
自觀史執議不可者又有謂記注既成
必先進御後付所司者所見何不同歟
或謂史官不止記言動雖災異亦得論
奏然則象數術藝之末亦可責諸文學
親近之臣歟我

朝史事掌於翰林纂述稽之公牘則鋪張揚厲亦既有體矣顧朝廷日有萬幾非一時蒐訪所能徧法宮遠在天上非外廷疏逖所與聞則挂萬漏一亦勢所必至者茲欲人効其能官舉其職於聖神謨訓不至缺紀而可上追典謨之盛不知如之何而後可諸士行且有史事之責

於此固不容無言矣

問天下之事變無窮善處天下者不貴於能應其變而貴於能防其變若不深惟大計逆為之所而惟以幸為常則其為變必有發於不可禦者古今之勢不甚相遠也昔人謂唐世變故最盛請略借唐事一二以為喻元和之治號稱中興然一變而為長慶延至太和亂無寧歲當是時元和舊臣尚在也姑以大者口

之以田弘正之忠能首倡而河之恭順而不能免王庭湊之難以李絳之賢能坐策魏博之不必用兵而不能自脫於興元之禍豈二人智於前而愚於後邪抑責固有在而非二人所能與也夫經畧在大而不在小事權在内而不在外豈當時諸臣或昧於大小之計蔽於内外之勢而不知變通邪今天下完盛非唐之比邇者邊鄙告乏之時有震驚而儲

侍弗充轉輸弗給將士坐困其意外之
慮司國計者所宜深念也其將以何術
處之而後可爾諸生蔵修有日將出而
賛太平之治顓聞所以思患預防之策

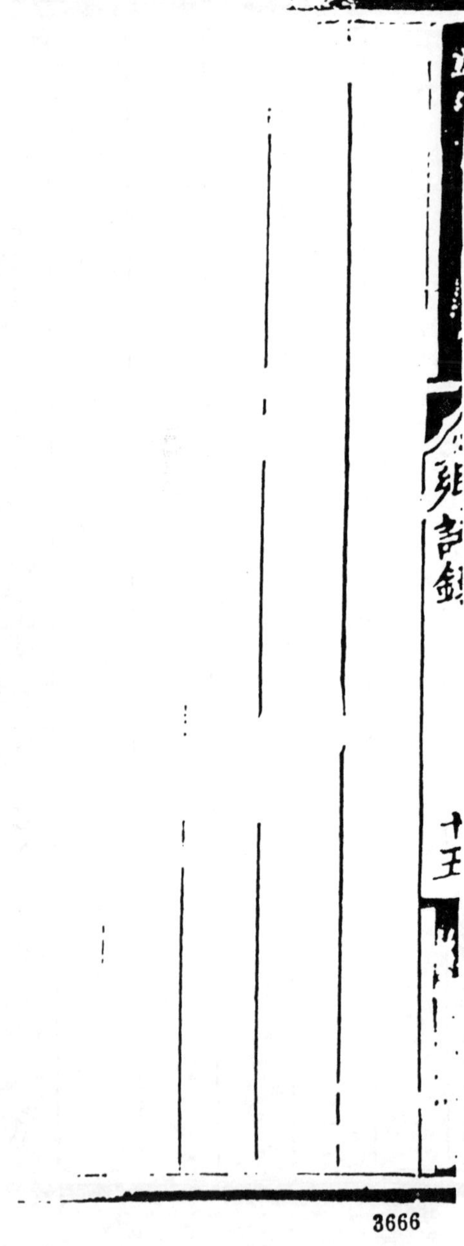

中式舉人一百三十五名

第一名馬從謙　應天府溧陽縣人監生　禮記

第二名韓勗　保定府學生　易

第三名蘇志皐　固安縣學生　書

第四名孫簡　河間府學增廣生　詩

第五名莊蒞民　東光縣學生　春秋

第六名王如綸　安平縣學生　易

第七名華雲　直隸無錫縣人監生　書

第八名周夢綵　阜城縣學生　詩
第九名劉鎧　保定府學增廣生　易
第十名王大醇　順天府學生　詩
第十一名張問官　內黃縣學生　書
第十二名馬九德　德州學生　詩
第十三名劉夢元　安州學附學生　易
第十四名周尚志　吳橋縣學生　詩
第十五名趙璧完　武強縣學生　春秋
第十六名吳夢暘　直隸歙縣人監生　詩

第十七名楊錫　涿州學生　書

第十八名王椿　浙江錢塘縣人監生　易

第十九名王崇　任丘縣學生　詩

第二十名白若冰　京衛武學生　禮記

第二十一名雷溥　保定府學增廣生　詩

第二十二名谷嶠　豐潤縣學生　易

第二十三名陳大琛　翰林院譯字官　詩

第二十四名張桓　安平縣學生　書

第二十五名程琎　德州學軍生　詩

第二十六名倪雲鴻 阜城縣學生 書

第二十七名王宗民 順天府學生 詩

第二十八名崔尚禮 安肅縣學生 禮記

第二十九名靳師曾 滑縣學生 書

第三十名朱尚賓 河間縣學生 易

第三十一名李僅可 清河縣學生 詩

第三十二名趙言 順天府學增廣生 易

第三十三名東爵 直隸丹陽縣人監生 詩

第三十四名邊沆 任丘縣學生 書

第三十五名王琴　保定府學生　詩

第三十六名周室　灤州學生　易

第三十七名邉傒　任丘縣學生　書

第三十八名張廷槐　萬全都司學生　詩

第三十九名吉占　灤州學生　易

第四十名王京　京衛武學生　春秋

第四十一名尹宇　南宮縣學增廣生　詩

第四十二名王學習　安肅縣學附學生　書

第四十三名王楠　三河縣學生　詩

第四十四名陸棨　浙江平湖縣人監生　易
第四十五名董實　四川廣元縣人監生　詩
第四十六名靳東齊　順天府學生　易
第四十七名龔桐　廣平府學生　詩
第四十八名沈弘訓　順天府學生　書
第四十九名閻宅　萬全左衛人監生　詩
第五十名陳秉忠　遵化縣學生　易
第五十一名邵凱　湖廣沔陽州人歲貢生　詩
第五十二名吳汝礪　開州人監生　書

第五十三名徐守道　長垣縣學生　易
第五十四名崔承祀　安平縣學生　詩
第五十五名李恕　獻縣學增廣生　書
第五十六名楊瀾　安州學生　詩
第五十七名蘇昉　元城縣學生　易
第五十八名謝廷訓　浙江會稽縣人監生　春秋
第五十九名楊文卿　鹽山縣學生　詩
第六十名周漢　京衛武學生　書
第六十一名霍琳　欒城縣學生　詩

第六十二名夏應元 景州學增廣生 禮記

第六十三名唐國相 順天府學增廣生 詩

第六十四名馮鍾 柏鄉縣學生 易

第六十五名張佳第 固安縣學增廣生 書

第六十六名涂勳 福建鎮海衛人歲貢生 詩

第六十七名黃鐙 通州學生 易

第六十八名王栻 獻縣學生 詩

第六十九名王居 順天府學增廣生 書

第七十名萬克敍 文安縣學生 詩

第七十一名孫如筠　開州人監生　易

第七十二名孫世芳　萬全都司學生　詩

第七十三名王　欽　順天府學生　易

第七十四名張　愚　天津左衛學生　詩

第七十五名沈朝宣　浙江仁和縣人歲貢生　書

第七十六名張　嵐　保定府學增廣生　詩

第七十七名宋大才　新城縣學生　易

第七十八名陳　銓　邯鄲縣學增廣生　春秋

第七十九名賈守仁　威縣學生　詩

第八十名鄭昱　安肅縣學生　易

第八十一名楊鵾　慶都縣學生　書

第八十二名周霆　浙江崇德縣人監生　詩

第八十三名張舜臣　安平縣學生　易

第八十四名韓繼志　南宮縣學生　詩

第八十五名高第　涿州學附學生　春秋

第八十六名張永昌　廣平府學生　詩

第八十七名劉韶　晉州學生　書

第八十八名郭堊　廣平府學生　詩

第八十九名王允言　容城縣學生　易

第九十名趙潤　塩山縣學生　書

第九十一名趙萃夫　山東東平州人歲貢生　詩

第九十二名歐陽誠　江西分宜縣人監生　易

第九十三名張壽　順天府學增廣生　書

第九十四名劉儒　雄縣學生　詩

第九十五名王珩　交河縣學生　易

第九十六名王琨　深州學生　詩

第九十七名鄭樟　固安縣學生　書

第九十八名張文舉　東安縣學生　詩

第九十九名徐冕　涿州學生　禮記

第一百名史漁　獻縣學生　詩

第一百一名趙允亨　安肅縣學生　易

第一百二名趙宦　隆平縣學生　書

第一百三名李舜民　任丘縣學附學生　詩

第一百四名王三顧　魏縣學生　易

第一百五名王璋　完縣學增廣生　詩

第一百六名徐應奇　順天府學附學生　書

第一百七名王繼芳　固安縣學生　詩

第一百八名周泗　德州學軍生　易

第一百九名潘墇　浙江上虞縣人監生　詩

第一百十名李廷松　安肅縣學生　春秋

第一百十一名劉壘　順天府學生　詩

第一百十二名王宗周　內丘縣人歲貢生　書

第一百十三名劉春　通州學生　詩

第一百十四名藍雲　順天府學生　易

第一百十五名吳希孟　順天府學增廣生　詩

第一百十六名和時徵　深州學生　書

第一百十七名劉乾　唐縣學生　詩

第一百十八名莫如爵　順天府學增廣生　易

第一百十九名施應冀　浙江黃巖縣人監生　詩

第一百二十名孔天敘　順德府學增廣生　書

第一百二十一名甘應禎　真定府學生　春秋

第一百二十二名錢允　直隸常熟縣人監生　詩

第一百二十三名張世亨　安平縣學增廣生　易

第一百二十四名李體　長垣縣學生　詩

第一百二十五名 蔣勲 順天府學附學生 書

第一百二十六名 劉士傑 完縣學生 詩

第一百二十七名 楊鵬 唐縣學增廣生 易

第一百二十八名 賈衡 束鹿縣學增廣生 書

第一百二十九名 劉九章 順天府學生 詩

第一百三十名 吳濤 任丘縣學增廣生 書

第一百三十一名 賈德潤 雞澤縣學生 禮記

第一百三十二名 邉偲 河間府學生 書

第一百三十三名 葛壁 順天府學生 易

第一百三十四名祖進　固安縣學生　書

第一百三十五名馬尚義　吳橋縣學生　詩

第壹場

四書

能以禮讓為國乎何有

韓勗

同考試官教諭林　批

論語此題最不易作蓋認理未精自難措筆此篇極深造微說出聖人語意且文亦簡古一洗陋習錄此為式

同考試官主事陳　批

體貼讓字甚親切錄之以為矜式

考試官右贊善蔡　批　語意精確

考試官侍講學士吳　批　得聖人立言之意

聖人言致治之道在崇夫禮之本而已矣蓋為國以禮而其本則在於讓也聖人直指而言之其欲人君知所當務之意何至哉且禮之為用自道德仁義以至于教訓正俗自君臣父子以至於治民事神無往不在然皆文也而非其本也夫所謂本者辭讓之實心是也為君者果能恒存此心雖有能為之資也而其中退然不敢

自恃其視天下之事直若無一所能為者焉有獨運之權也而其內歉然不敢自居其視天下之物常若無一所能動者焉萬變之來悉主於是以為之經緯曾有一毫輕肆之念乎四國之正惟持乎此以為之矜式奚有纖芥過越之志乎夫然則道恒盡於不自滿而事每修於求自慊凡發揮於儀文者非徒飾於外也一皆讓德之流行以是行禮何推而不準乎形著於交際者非徒矯於外也率皆實意之充布以此用

禮何動而不化乎天下之大一人舉之而有餘若曰猶有出於範圍之外者未之聞也事物之多一心運之而無外若曰猶有逸於矩度之內者未之見也國之治何難之有哉此可見為國者固不可廢禮而尤不可無讓盍亦知所本歟抑觀春秋之時先王之道廢缺無復知有所謂禮者而況於禮之讓乎殊不知帝堯勳業之盛至格於上下要之不過充此心以底于極而已耳豈別有他道哉有志於治者盍於此求之

莫見乎隱莫顯乎微故君子慎其獨也

周亮綵

同考試官教諭羅　批　說理精詳而文足以發之中庸義如此作者絕少

同考試官教諭黃　批　理學本難體認作者率多剽竊陳言未見真切此篇獨造微妙蓋有得於道者錄之

同考試官行人柯　批　講慎獨處推本朱子是深於體認者

考試官右贊善蔡　批　語多自得是亦知慎獨者

考試官侍講學士吳　批

說得題意透徹

中庸原道尤著於自知之地而君子當加謹之也甚矣獨之可畏也中庸教人致嚴於此有以哉此承上君子靜養之功而言之以為人之一心動靜相為循環故工力不可偏廢彼一念初動之時存於中而未暴於外人固未有知之者以其地則幽暗也求其事則細微也似若可掩矣然吾心之靈皎如日月即其念慮之所經營或善或惡蓋已洞見其纖悉其視人之知之者

殆有甚焉是天下之事孰有著見於隱者乎即
其心思之所運用誠歟偽歟已昭晰其委曲其
視人之見之者抑又過焉是天下之事豈有明
顯於微者乎蓋隱微正己所獨知氣始用事而
善惡之幾也近之公私邪正遠之廢興存亡舉
於是乎判焉故君子既嘗戒懼矣而於此尤致
其謹必精察於毫釐而抑遏於微眇惟恐人欲
得乘氣以肆也豈曰莫予云覯而遂忽之邪君
子雖嘗周防矣而於斯尤致其力必審之於方

動而止之於將萌惟恐天理遂為欲所蔽也豈曰人莫我知而因易之耶若然則下學之功盡善全美庶不至離道之遠矣盖嘗論之人生而靜天之性也感於物而動性之欲也聖人純亦不已動靜固無所容其私矣自聖人以下匪假於學與學而不得其要鮮有能至之者故子思子特指而言之盖欲學者反求而自得之也以此為訓天下猶常失之於動而不能復其初也謂之何哉

禹之行水也行其所無事也如智者亦行其所無事則智亦大矣

蘇志皐

同考試官教授張　批　平平說去而孟子立言之意直造精微是必留心於理學者

同考試官主事諸　批　見理真切文亦雅正不尚雕刻其亦行所無事者耶宜錄出為用智者告

考試官右賛善蔡　批　明暢

考試官侍講學士吳　批　得旨

大賢舉聖人大智之實而欲智者有以法之焉蓋禹之治水水之道也其為大智以此而已矣智者可不以之為法哉孟子之言如此蓋謂吾欲智者若禹之行水豈有他哉蓋以聖如大禹宜無不可用之智以禹治水亦宜有非常可喜之功然而禹也事值其變處順其常決九川而注之海雖曰功有所施矣然止於順水之性而已濬畎澮而注之川雖曰力無不致矣然但以復水之常而已豈嘗以己與之而妄有所事哉

此禹所以為大智也誠使智者不自恃其聰明而於天下之事常順理以圖之寧失之淺而不敢求之太深不盡用其精智而於天下之物無隨分以處之寧失之近而不敢求之太遠或推是心以議道歟則所以闡明性原指陳化理者一因乎天命人心之正而不肆為偏曲之說以亂真或推是心以置法歟則所以見之規制布之紀綱者一順乎民情物理之常而不過為一切之法以持世其行所無事亦猶夫禹也將見

作之自我者可以通乎天下為之自今者可以垂之將來言出于道而聖人不能易也法宜於民而作者不能加也其為智也不亦大乎孰與夫以智自私而反失之者乎君子於此宜知所擇焉耳矣抑孟子此言有為而發也當時治水者以鄰國為壑論性者有杞柳湍水之喻騁其私智以病天下豈惟楊墨然哉孟子身斯道之任而有憂焉故特假諸言論以闢之雖然道之不行智者過之孔子亦嘗憂之矣然則學者宜

如何哉其必亦行其所無事而後無貽聖賢之憂也

易

利有攸往剛長也

王如綸

同考試官教諭林　批　說剛長處得本義意且辭亦不背往作也

同考試官主事陳　批　文有理致不類他作

考試官右贊善蔡　批　得朱子本義旨意亦有見得處

考試官侍講學士吳　批　說剛長處獨到

彖傳舉復卦預擬有為之占釋以必有可為之義也蓋君子當慎于始進也以復之時而與之如此其聖人之微意歟且君子之進必觀其時時已至而弗行則謂之失時時未至而遽進則謂之失已復之為卦一陽始生其端甚微未可以有為也而其占乃曰宜有所往有若不虞其機會之欲來而未定事勢之方動而未成者其故何歟蓋以君子貴於未然天道忌夫既盛當

坤之時陽氣將盡矣而復生於重陰之下蓋已衰而復息垂絕而復續消者去而其息者日新由是乎駸駸上行必至於長而後已欲遏之而不可得也絕者往而其續者繼盛由此乎源源尚往必至於長而後止欲沮之而不可能也雖曰其行有漸然其勢進而非退也雖曰其行有序然其機盈而匪虛也夫以既生者則必長天道然而世道亦隨之正君子向用之際也故文王與之以此者蓋逆計其將來而預期之歟然

非彖傳深探其意而發明之又孰知其然哉抑考聖人作易其憂世可謂至矣今考其書無非扶陽抑陰而深寓乎裁成輔相以左右民之意觀復之陽與姤之陰同一消長也然於復則與之若此而於姤乃慮其進而勉其貞且為陽計防無遺力焉則聖人之情益可見矣易之作豈徒然哉

彖者材也爻也者效天下之動者也　　劉鎧

同考試官教諭林　批　聖人作彖爻之旨發明殆盡宜錄以示讀易者

同考試官主事陳　批　意精而辭達可式矣

考試官右贊善蔡　批　精邃

考試官侍講學士吳　批　說聖人精蘊明盡

大傳言易辭之所係者皆易畫之所具者夫象之所示者深也彖爻不過因而成之耳豈能有所加哉大傳之意如此且彖者文王所係之辭

也文王係之文王能創之歟蓋六十有四之卦法象昭陳顯微畢具故萬物之情類焉神明之德通焉相交也而變以生相形也而體以見寓有於無罔非天地之奧也發幽於著莫非鬼神之妙也凡此皆卦之材也文王獨能默契於設卦以觀之際為之假象以顯義定占以設教耳是彖之所言皆卦之所本成者也文王何容心哉爻者周公所係之詞也周公係之周公能作之歟蓋三百八十有四之爻剛柔相推事物紛

錯故或處以可貞或出以獲戾處經事有宜焉而不可失處變事有權焉而不可泥雖無典要而有常則至一而不可亂也雖曰屢遷而實趨時至變而不可定也凡此皆天下之動也周公乃能獨得於觀其會通之餘為之因事以垂訓擬象以明占耳是爻之所效皆畫之所固有者也周公奚庸力哉此可見聖人作易莫非自然所以用於天下而不可窮歟抑觀卦者易之全體爻則卦之一體而已惟其全體故彖舉其要

惟其一體故爻備其詳要之皆不能出乎伏義範圍之内也雖然畫前有易伏義亦何爲哉純乎天而已矣故世必有知天者而後可與語易

書

能自得師者王

張問官

同考試官教授張 批 形容能自得師之意甚精切故録之

同考試官主事諸 批 發明聖學而歸之一

誠真可為帝王大法非徒文也吾於子起敬

考試官右贊善蔡　批　得旨

考試官侍講學士吳　批　講目得要婉曲明盡

人君有求道之誠則所成者大矣蓋師者道之所在也誠以求之道斯盡矣其於王也何有哉仲虺勉成湯懋德建中而歸本於學故述所聞以告之蓋謂天下之理無往不在故人君之學動必有師誠使不以勢而自尊也惟於人之有德者則尊之朝夕與居以上下其謀議不以位

為可樂也惟於道之在人者則樂之問學相益以培養夫化原虛己以求之而有謀必就蓋惟恐求之未至而善不我告也敢以在己為有餘乎委心以聽之而動罔或違蓋惟恐聽之未專而告不我盡也敢以在人為不足乎夫不徒能師而又能自得如此將見義理以講習而益明培養以師資而益厚天下之善一人之善也人已交盡巍巍乎不可尚矣一人之德天下之德也內外兼資浩浩乎不可窮矣大觀在上而萬

邦之儀刑寓焉不求其懷而自無不懷孰有外我而他往者乎明德日新而九圍之觀瞻繫焉不期其式而自無不式孰有舍我而他適者乎其王有必然矣由是觀之則師之有益於人君也不亦大哉抑考孟子曰湯之於伊尹學焉而後臣之說者謂先從受學師之也禮亦有當其為師不臣之說則師之義上通于天子舊矣然師道豈有常哉人君取天下之善以歸諸身雖匹夫匹婦猶不欲其不獲自盡而況於有道德

者然則雖臣之實師之也故曰德無常師主善為師

內有百揆四岳外有州牧侯伯　楊錫

同考試官教授張　批　辭氣雄深體製莊重可以為程式矣

同考試官主事諸　批　說出唐虞建官體統秩然在目自是紀事之文也可錄

考試官右贊善蔡　批　叙事不冗不泛

考試官侍講學士吳 批 充贍精潔

觀聖世建總治之官無非欲均天下之勢也蓋內外之勢均則天下不難於理矣唐虞建官之有體要也其以是哉宜成王稽古訓官而首及乎此也且古稱盛治必曰唐虞然豈詳於德而畧於法哉觀其所以建官者可見矣是故朝廷為四方之極而總治於內不可無人也其在當時有百揆焉祗承于一人平治乎四海亮采所以代天之工奮庸所以熙帝之載凡朝廷政務有

一不由其裁度者乎蓋位絶百僚無所不總也
又有四岳焉位列内朝職領下國明目達聰則
鰥寡無蓋闢門来士則困窮不遺凡四方諸侯
有一不屬其賓禮者乎蓋秩次宰臣總其方岳
也曰百揆曰四岳其總治於内者如此四方為
朝廷之輔而總治於外不可無人也其在當時
不有州牧乎處上游而專聽斷分疆域而任旬
宣人才不同則處之得其所民食為重則足之
有其方蓋總乎一州而有君人之道也又不有

侯伯乎上相九牧有賛畫之益下糾羣后肩程督之公舉善則惡者懲作勤則怠者奮蓋總乎諸侯而有率作之權也曰州牧曰侯伯其總治於外者如此吁官分内外而治實相承此唐虞所以均天下之勢而成其治歟抑唐虞建官若是其簡而無不治之事雖曰因事建官為官擇人之所致亦由立法之善有以維之也治天下純任德教莫如堯舜而猶有賴於法則德教不如堯舜者當何如哉故曰堯舜之道不以仁政

不能平治天下

詩

菁菁者莪在彼中陵既見君子錫我百朋

孫簡

同考試官教諭羅　批　菁莪一題作者類騁浮辭而於錫我百朋處多牽强支離此作獨說出詩人本意傑作也

同考試官教諭黃　批　場中作此題類失興意賓主而本意殊欠發明晚得此卷不類衆作真

若百朋錫我矣佳士也

同考試官行人柯　批　詩可以觀可以興讀此

其庶乎

考試官右賛善蔡　批　婉而盡

考試官侍講學士吳　批　説得好賢意出

詩人托興得所見之賢而極所慰之深也夫人之情無喜於得所求也今欲賢而既見則其自慶也何如哉此燕飲賓客之詩如此且天下之物易致者則無庸於求亦無重於得矣詩人得

見君子乃托物以起興曰莪之為物生質柔而美盛細葉脆而敷揚菁菁然在彼中陵有定所矣況此君子方其在外也我嘗慮其求之而不可見矣豈意今日獲覩其威儀於傾慕之餘昔其在野也吾誠恐其思之而不能得矣不圖今也得聆其謦欬於邂逅之際彼百朋貨之至重者也夫人孰不寶之而欲有之也今君子倏然來於不期其與錫之百朋夫何殊乎蓋喜之至而不覺其感之深也夫人孰不靳之而不與之

也今賢者惠然至於非望其與揆之重貨夫何異乎蓋樂之甚而不覺其言之過也得若人以為依歸則大可以匡翼邦國次可以潤色王猷其為益固未可量也非百朋其何擬之上可以弘濟艱難次可以開陳善道其為功固無有窮也非重貨其何喻之夫以周人之好賢若是則賢者安有不至治化安有不成哉抑天下未嘗無賢而賢者亦未嘗不欲見用於世然每不相遇者正以上無好賢之誠故賢者亦引而去矣

讀詩至此豈惟見周人燕樂之雅其所以致盛治而基八百年之天命者實由之後之為治者可以觀矣

我將我享維羊維牛維天其右之儀式刑文王之典日靖四方伊嘏文王既右享之我其夙夜畏天之威于時保之

王大醇

同考試官教諭羅　批　說出周人尊祖敬天之意藹然如見蓋深於詩學者錄之

同考試官教諭黄 批 我將一詩周家之典

命全在于此是篇獨深得之且無蔓辭可取

同考試官行人柯 批 異乎諸子者之撰

考試官右贊善蔡 批 講兩右字有餘味

考試官侍講學士吳 批 典雅

周人於明堂之祭必述其所以致享而敬守之焉夫天與文王其致一也周人敘其致享之故而猶存戒如此其敬天可謂至哉昔周祀上帝於明堂而以文王配之其樂歌之詞若曰明堂

之祭豈徒然乎夫莫尊於天而周之天下天實與之令於季秋以行大享之禮乃隆之以牲而不特熟之於俎而不腥則禮物亦云備矣皇矣上帝庶幾降鑒於穆穆之表而來此牛羊之右乎不敢以誠之盡而必其居歆也莫親於文王而周之天下文王實成之令於明堂而行配享之禮且循其典以安天下守其法以綏四方則體念亦云深矣錫福文王殆必昭假於冥冥之中而在於右享之位乎則固以親之愛而度其

已至也夫天與文王既皆右享我矣然惟天難
忱其威寔可畏也自今伊始我其夙夜祇慎凡
檢點於身心者無時而敢忽率由乎典憲者無
事而不存惴惴焉恒若上帝之臨也凜凜然儼
若對越之時也畏天如此則天之右文之嘏可
保於不替矣夫於方眷之頃而深寓乎將來之
戒此周人敬天之實所以為不可及歟抑考明
堂之制明也者所以明神人之道也明神道於
斯是故享帝焉明人道於斯是故布政焉使享

之希之而無先王之典則將焉用哉周公宗祀登歌而惓惓於此其垂訓後王之意遠矣嗚呼非周公其孰能之

春秋

冬十有二月齊侯鄭伯盟于石門 隱公三年

稍欠完

同考試官行人張 批 聖人明王法復古道意是作能道之且文亦雅健錄以為式

考試官右贊善蔡 批 組織傳意殊覺精彩

考試官侍講學士吳　批　深合傳意

春秋惡諸侯特盟而深寓乎公天下之心也夫聖人之心未嘗不欲天下大同也世入春秋王政不行諸侯放恣列國盟會皆視為常事矣况石門之盟尋盧好也曷為特惡之乎蓋聖人以大義公天下周官盟載之法凡邦國有疑則請盟于會同聽命于天子載在王府於今為烈也其何敢悖而齊鄭先焉彼固曰王室不競莫如之何也然天下不可一日而無王人臣不可一

事而戾法況夾輔之勳所以致望於諸侯者何如也齊鄭乃悍然行之明法存而弗畏大義滅而弗疑律之邦憲蓋在所不宥矣於以見尊王之義焉於以見黜伯之心焉而聖人定天下之分嚴矣雖然聖人以大道公天下昔有虞氏未施信於民而民信夏后氏未施敬於民而民敬若刑牲歃血要質鬼神雖見諸司盟亦衰世之意也其何能淑而齊鄭僭焉彼固曰古道邈矣不可得而復也然直道之行三代共之天理之

在人心者自若也齊鄭能翻然改圖廻世德於既衰返朴淳於薄俗要之有志在所竟成矣於以見待物之洪焉於以見憫時之深焉而聖人公天下之情至矣此可見扶植綱常變化風俗於一書法之間而兩存焉先儒以春秋為聖人經世之典詎不信夫抑是舉也是將為伯之端爭伯圖啓而世益敝其關係天下大矣此聖人所以深致意焉以此為訓後世猶有不能遏其流者可勝慨哉

秋楚公子嬰齊帥師伐鄭公會晉侯齊侯
宋公衛侯曹伯莒子邾子杞伯救鄭八
月戊辰同盟于馬陵成公七年

莊蒞民

同考試官行人張　批　春秋予晉罪楚正以
見鄭反正之善此作不事破碎斷案定矣

考試官右贊善蔡　批　二國斷案具見於此

考試官侍講學士吳　批　得聖人貴楚本旨

春秋紀兵信有所以懲外夷者有所以善中國

者此可見中國不可無伯也否則夷狄益橫矣晉景其庶幾乎昔鄭貳于楚楚遣嬰齊伐之且師于汜焉以其背楚而從夏也夫夷而謀夏王法之所禁也楚自蟲牢以來唯北方之圖肆令之役帥以上卿剏復大振厥旅所以謀鄭者無遺力矣楚之先有莊焉嘗討陳矣蓋失在徵舒猶可諉也而楚胡蹈之君子謂楚於是乎不義義以正楚豈惟見鄭之無罪而楚之暴斯彰矣故書嬰齊書帥師書伐鄭若無俟於貶焉者然

背公以逞詐挾勢以行私聖人所以懲天下者也若鄭困於楚晉合八國恤之且盟馬陵焉以其攘夷而安夏也夫義以靖難王道之所貴也晉自厥貊而還唯南顧之憂今是之役協忠庶邦糾復徇師而誓所以討鄭者無遺策矣晉之先有文焉嘗勝楚矣蓋罪在楚國無可言也而景克紹之君子謂晉於是乎知是哉義以予晉豈獨見鄭之宜恤而楚之惡益著矣故書八國救鄭書同盟于馬陵若美不盡其詞焉者御外以

安內蓄威以昭德聖人所以匡天下者也吁罪
楚者發世之心乎晉者經世之略聖人於夷夏
之防其嚴矣乎大抵中國不能今則夷狄進矣
桓文而悼伯者相繼也楚於是少輯及文宣
之間中國之變未艾也彼靈一景其何以制之有
夫是無中國也且借王也可但已乎是故蕭魚
善矣召陵吾有取焉君子於城濮若之何故曰
先王耀德不觀兵

禮記

是故君子之於禮也非作而致其情也此
本出[illegible]也
白若冰
同考試官署員外郎吳　批　說行禮本制禮意明
白條暢宜錄以式
考試官右贊善蔡　批　知禮之情可錄
考試官侍講學士吳　批　得行禮本意
記君論君子之行禮無所勉而有所因也蓋先
王制禮非苟然也君子亦惟因以行之耳夫豈

有所勉哉記禮器者謂夫禮也者所以防範人心綱紀世道者也君子之行之也謹審於經制而凡器章物采品式為之備具考覈於義理而凡威儀動作法度極於精詳其行之可謂曲盡矣然推原其故非過用其意矯焉以求盡其情也有所矯則出於私矣亦非故用其智勉焉以為物作則也有所勉則入於偽矣昔者先王知禮以誠敬為本乃天理人情之極致也然匪文則禮不行於是以天理之本然者設之於器章

物采有制度焉有文爲焉而所謂誠者皆得以自致矣君子不過守此成法而不敢越耳何作意於其間乎以人情之同然者而飾之於威儀動作有節文焉有儀則焉而所謂敬者始得以自將矣君子亦惟率是舊章而不敢違耳豈過爲於其內乎由是言之則禮之所從來遠矣抑觀先王制禮博大纖悉極爲煩密至賓主有司有不可勝行之憂然帝王相沿莫之有改者正欲以善養人使之習安於檢束日遷善遠罪而

不自知也故曰禮之衛人甚於城郭真知言哉或者以禮爲儀其亦不察此也夫

樂者音之所由生也其本在人心之感於物也

馬從謙

同考試官署員外郎吳 批 原論樂理詞旨精到蓋知樂者

考試官右贊善蔡 批 是可與言樂者

考試官侍講學士吳 批 樂記意正如此

樂之為道餙於聲而動於心焉夫心動而有聲聲比於音斯樂餙矣樂豈心外物哉樂記君子論樂之為道如此謂夫樂之所以能感化人心者亦惟其本於人心焉耳彼其清濁高下定於律呂綴兆疾徐布於干羽此之謂樂也然此抑何自而生乎蓋言不文則亂雜而發之也無倫流蕩而出之也無節惟變成方而有音也故即其辭意自然之動而制其損益短長之宜則樂之聲於是乎正矣因其歌咏自然之溢而裁為

進退動靜之法則樂之容於是乎盛矣音非樂之所由生耶然此特其文耳而又有本焉誠以人之一心虛靈不昧方其靜也渾然而已耳及物至乎前而此心之靈應於所感則情既動矣必形於言以導其情之所欲而聲出焉心既萌矣必作於為以發其心之所蘊而容著焉清濁高下其播於律呂者皆心之形也綴兆疾徐其被於干羽者皆心之迹也此豈有待於人為而亦豈人為所能與哉則樂之本在於人心之感

也明矣夫樂成於音而本於心此其所以道人心之和而平天下之情也歟抑樂之生有不止於人心者易曰天地絪緼萬物化醇樂之情也雷出地奮樂之聲也故曰樂者天地之和也嗚呼非與天地合德而建中和之極者其能有作也哉

第貳場

論

聖人能使天下順治

馬汝詠

同考試官署員外郎吳　批　自古聖人皆因事物自然之則以立法致治非有所作為於其間此道漢儒以後無人識得乃程子造道之言也場中作此題者其知者窘於辭而意不達不知者工於文而理不真晚得此卷只數百言而程子立言之意聖人神化之妙發明殆盡且開闔變化有曲折有頓挫滚滚皆自胸中流出若猶有未盡其蘊者讀之惟恐其終也

豈其平日所養固與人異耶取冠多士允愜

輿情

考試官右賛善蔡　批　聖人治天下在萬事萬物各止其所此易曉也至形諸文字則有難為言者盖道理至大而至精也此作不踰数百言而道理躍如且緣題命意法度森然竟亦不為所窘可以為難矣

考試官侍講學士吳　批　作論能認題真切則不待假於外而意味無窮矣此卷不煩剽竊数百言寸自胷中流出而題意發明殆盡此必學而有得者宜錄以為式

論曰知聖人之化皆出於自然則可與語聖人之道矣夫聖人有心而無為者也然謂之無為者豈高拱淵默而一無所事哉彼其隨時有作以立法垂訓於天下者亦既純且備矣及考其所為作之者則至簡至易未嘗強有所加焉此其故何歟蓋事事物物莫不各有其所有非人力可得而與焉者聖人惟能見其然也故一切即其所本成者遂以治之而無容心焉故感化之妙風動神速有莫知其所以然者此其所以

成天下順治之功歟粤自鴻荒之世生人之理未備也迨夫風氣漸開人文漸著制度文為以次而大備然而創為之者誰歟曰聖人也聖人自為之歟曰非也然則何以為之邪是故天下之物莫不各有本然一定之則夫所謂則者體於物而不遺出於天而不可易乃其所止之處也故物必循是則也而後處之宜焉推之準焉行之順且利焉守之安且久焉而禍亂無由而起不然其為慮曷有窮乎予嘗觀夫天下之物

因其勢而導之則易從拂其性而率之則雖化聖人雖曰聰明睿智而能通天下之故盡萬物之情亦宜能為物作則哉惟其不為物作則而所以處之者皆因其所固有背其所本無其所欲者則倡之使行其所不欲者則勿以施焉凡禮樂刑政綱紀法度無一不主於是以為生養休息激勸禁防之具是吾之所行者則既順其心矣故導之而生養遂治之而爭奪息教之而倫理明治化之效有不能辭焉其故可知矣

苟彊為法以把持之則天下之人其始也未必遽能出其牢籠之外然其心之所欲情之所安者不在於是至鬱之久而變生則約之而愈放理之而愈棼其潰決之勢胡可防乎以今觀之聖人之所以裁成輔相以左右民者其道亦多端矣大之天地之化次之倫紀之常纖之宮室服食器用之利微之草木鳥獸昆虫之生皆因其本然之則而為之品節齊其政使之順序約其情使之相安辨其分使之相守窒其欲使之

不流遏其趨使之不逸凡若動若植有情無情皆有以若其性遂其情以成彌綸參贊之功以致天下順治之化而一毫意便之私苟簡之政弗之用焉然非聖人盡性至命而與天爲一亦烏能至是哉儒先有言有天德便可語王道夫所謂天德者純王之心是也此王道之本也萬化之原也王霸之所以分也古今治亂安危之所以興也其毫釐之間不可不辨此程子立言之意也

表

擬宋崇政殿說書趙師民進勸講箴表 慶曆四年

華雲

同考試官教授張 批 以纂則之語寫忠愛之誠使師民自作恐不能過也

同考試官主事諸 批 駢儷中兼有議論深得表體

考試官右贊善蔡 批 敘事屬對若不煩繩削

而自合者

考試官侍講學士吳　批　嚴整

具官臣師民謹以所撰勸講箴上

進者王道式九圍兼武文而成經緯君心基萬化由開學以致光明矧當旋師之餘宜

進

敷經之彦時惟

天啓道以人弘臣誠惶誠恐稽首頓首竊惟人君圖治務學為先儒者格君講筵為近屬

金華之洞啓儼星弁以趨陪情既洽於泰
交禮亦隆於晉接從容風議無九闕伏謁
之難咫尺威顏有一體相成之懿歷觀盛
際之主罔不從事于斯良弼得於傅巖遜
志體鹽梅之訓丹書訪于尚父齋心陳戶
牖之銘闕館崇賢治隆貞觀投戈講藝化
美東都迨我
皇朝育嚴儒服時
御便庭而賜問或進處士以談經近有

家法可師遠則先猷未泯恭惟
○○○○
至誠盡性
達孝因心兼
祖宗之法以會于成總墳典之文而探其賾頃
者方隅多事是以講讀希聲豈橫經論道
有替于平時顧選將條兵不遑于寧處幸
爾野心歸欵居然藩臂解嚴
國家閒暇及是時以修其典章

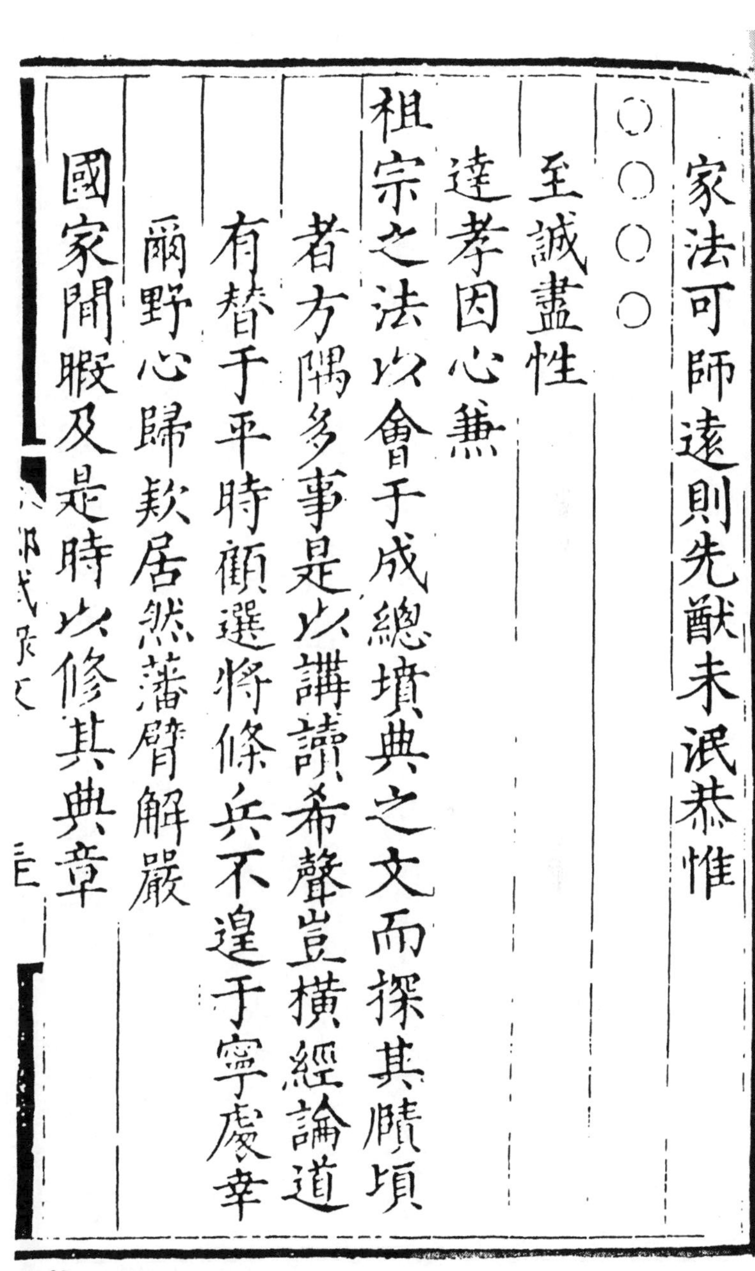

宮府流通隨所在而廣夫忠益建事不師古
詎免冥行為善以取人斯成大智況
書觀之成規具在而聖經之大義甚明
止輦生輝開卷有益爰陳一得用徵
九重敢云體效虞人實乃忠懷辛甲約文舉
要
乙覽可知援古範今三鑑攸寓豈但續初元
之盛事抑以惜此日之清陰臣學未知新
經惟守舊章綬徒塵于

近列秋毫靡補于
明時伏願
典學有終
體道無息前師後誦樂聞逆耳之規竹簡韋
編
深契傳心之要
思曰睿睿作聖萬國以貞
德可久久則天四時不忒以復山河于兩戒
以興禮樂于百年臣無任瞻

天仰
聖激切屏營之至謹奉表隨
進以
聞
第叁場
策　五道
第一問
韓鼎
同考試官教諭林　批

祖宗鑒

皇上之德業文章未易名言此篇賛頌揄揚能悉其一二者其亦涵濡之久而有得焉者乎

同考試官主事陳　批　我

列聖德業高明廣大度越百王而我

宣皇及

今上頌述之作又皆精義妙道之發誠曠古而一見者此篇鋪張揚厲殆盡而終篇之

獻尤見忠愛其藎言

聖人者邪允宜高薦

考試官右贊善蔡　批

聖人精思默運如天未易窺測惟形之

述作乃得仰見一二然亦難矣此策鋪陳

聖制森容洋溢比於

精蘊亦若有見者謂非天下士哉

考試官侍講學士吳　批　我

宣皇及

皇上之制作闡揚

列聖之德業殆無遺矣此集獨能言之噫得其文足以華

國矣

聖人之德業成於治

聖人之精蘊見於文夫聖道之大德業文章盡之矣然德業所以篤其實而天下蒙其休澤文章所以發其華而萬世仰其高明故德業以文章而益顯文章以德業而愈光或為於前或為於後皆有待聖人之出不偶然也我

皇明之德業文章曠古獨盛豈非以
聖繼聖昭示無極以成天下長久之治也歟愚
請因明問而敬陳之天下有至德焉仁覆
萬物之謂也有大功焉弘濟蒼生之謂也
昔孔子稱堯曰惟天爲大惟堯則之又曰
巍巍乎其有成功也煥乎其有文章此可
見古之聖人亦不越乎是矣我
皇明
聖神迭興前作後述變胡元之陋習而陶天下

於仁義禮樂積百餘年之至治而置四海於生養休息其德業之隆與天地並所以承藉
天命維繫人心者寔在於此然天下臣民涵育鼓舞於覆冒之下有由之而不知者洪惟我
宣宗章皇帝作為詩九章我
皇上既為
恭和又頌述

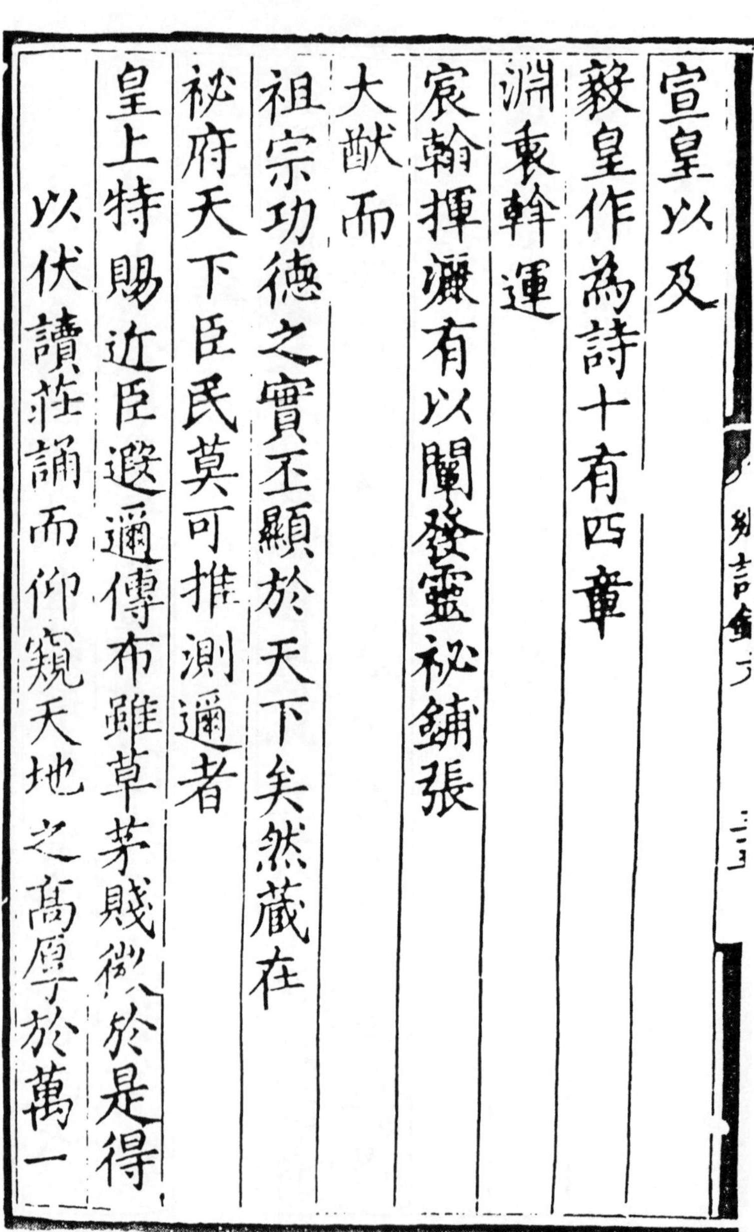

宣皇以及

毅皇作為詩十有四章

淵衷斡運

宸翰揮灑有以闡發靈祕鋪張

大猷而

祖宗功德之實丕顯於天下矣然藏在

祕府天下臣民莫可推測通者

皇上特賜近臣遐邇傳布雖草茅賤微於是得

以伏讀莊誦而仰窺天地之高厚於萬一

矣欽惟

宣皇贊

淳皇之詩有曰上天信崇高臨下明以赫眷求

令德宗視乃善慶積贊

高皇之詩有曰伏劒起濠梁奉

天拯焚溺三光復宣朗五典重脩飭贊

文皇之詩有曰聖文既炳煥神武尤赫奕賢才

盡登用秉德各脩職贊

昭考之詩有曰民安視如傷恭已臨萬國

聖神紹傳序茂衍萬世曆盖
淳皇培植運祚之德
太祖開闢乾坤之功
文皇靖内以安天下
昭考繼述以弘大孝者不煩
數語而已得其大矣我
皇上復爲次述其見於
詩者賛
淳皇則曰

皇天鑒下土昭昭甚威赫
帝心厭其亂眷求丕善積贊
高皇則曰於惟我
烈祖拯民焚與溺上而三光明下而五典飭贊
文皇則曰内難既平定
功烈乃赫奕旁求俊彥才遂與共天職贊
仁宗則曰恭己先脩身作範詔萬國
祖功而
宗德衍緒無疆曆贊

章皇則曰一德罔有間、
四聖同軌式修政匪懈勤懋德弗倦力推行
列聖德業之盛益以表著而於
章皇帝頌述之意亦愈有光矣然
聖孝靡極深惟
睿皇之盛德偉烈與
憲皇以來之
至道懋功尚未有稱頌以攄追思感慕之意
迺又為詩五章其

曰五倫脩巨典四海皆貞中允繼

五聖烈車書萬國同者所以贊

睿皇也其

曰勤政昭大德愛民敷至仁鑑戒存史冊綱

目乃脩陳者所以贊

純皇也贊

敬皇之詩則曰聰明亶元良道泰躋熙皞政治

皆純王通鑑輯纂要贊

毅皇則曰居安弗忘危是克持其盈

威健赫然盛顯矣守其成

至理動於天機

精思溢於睿藻皆前代帝王之所未有者也

夫雅歌不作天下無詩久矣自

祖德有詩經生學士始得以復見三代之音何其幸歟竊嘗撰之大明之詩稱王季而及於文武無競之詩稱武王而及於成康長發則始於玄王而止於成湯玄鳥則肇於先后而極於武丁今詩之所稱起自

淳皇以及於
列聖莫視諸詩若無異者至於商之所歌曰契
曰湯曰武丁周之所咏曰文曰武曰成曰
康曰宣其餘無述焉惟我
皇明上由
淳皇以至
毅皇十世之間備道全美叙述無遺此則
皇明之所獨有而商周所不逮者豈雅歌之所
未備蓋欲備之而不能也猗歟休哉愚臣

謳歌於金追玉琢之下鼓舞於鳶飛魚躍
之中萬世仰賴以時繹思豈非千載之奇
遇歟抑愚猶有說焉我
皇上之作為此詩也吐辭為經炳若丹青遡創
業之艱難念守成之不易會於其
心者必體於其身發於其
言者必推之於事所以衍億萬載之福澤者
方源源而未已也詩不云乎世德作求永
言配命成王之孚下土之式愚請誦此以

第二問

同考試官教授張　批

蘇意章　我

朝建

南北二京實得天下形勢之大而

列聖世德相承以培萬年之基寔在於此是策能言之而末又以得

人心正

君心為保守之道尤為有見噫得士如此可以聞於

上矣

同考試官主事諸　批　德與形勝相須並立

正我

祖宗定都本意也此篇善闡明之且有緩急次序非有志於經

濟者不能到此高薦無忝

考試官右賛善蔡　批　立國以德輔以形勢此自

是不易之論由周而來上下數千年未有如我

國家之盛者此策既條荅無遺而借古喻

今慮深言切必士之有識者也

考試官侍講學士吳　批　此策能叙述我

朝立國之形勢道德兩極其盛且於本末輕重之間更有稱停

必佳士也　高薦允宜

帝王之建國垂統也必有德以先天下亦必有形勢以安天下國之所恃在德而形勢乃其輔也隆其德固有不可拔之基得其輔又有不可測之險而天下可常保矣故曰德猶元氣也形勢猶人之身也觀此則知我

祖宗建國之規裕

後之謀有非前代所可及而萬世守之萬世之盛也且一代之興必有一代之都邑當其始建必於六合之上游如曰天地之所合也四時之所交也陰陽之所會也風雨之所和也不如此則不足以定四海矣如曰山河之所襟帶也水陸之所輻輳也名城要郡之所環列也不如此則不足以威天下矣今夫中人之家欲作室以遺子孫

必於通都大邑且咨謀審度既久而後定
以爲爲之自我者當如是耳况天下基本
之地哉昔堯都平陽舜都蒲坂禹都安邑
皆冀州地也雖隆古之時天下爲公因地
定都未始有意然冀州三面距河朝貢易
達三聖人亦必有見於此矣其後周家當
世道之變爲先事之防而規制又加詳焉
文武宅豐鎬謂之宗周成王作洛邑謂之
成周天下無事則居宗周所以重基本也

一遇朝覲會同則即成周行之所以均道里也武王所以承天心成王所以守成業周公所以忠王室亦在於此而當時禮樂興王道倫中和洽於鳥獸德澤加於四夷豈無自而然哉王孫滿曰成王定鼎郟鄏卜世三十卜年七百此蓋假之以却楚子之問鼎而非周公之雅意不然則是瞽史纖緯之說也豈古人祈天之道哉漢高用留侯之策從關中光武除新室之亂都洛

邑唐因隋舊都長安以洛為東京宋承五代都汴以洛為西京蓋皆規模乎成周者考其時漢唐以關中為樞以陝西為畿輔以隴右為藩蔽故其力全而國勢近於强宋初既失燕雲之險又有西夏之擾故其力分而國勢入於弱范仲淹當仁宗之世請修洛陽以備有事且以為徙關中之漸誠先見也而當時莫之用馴致釁孽起裔夷首尾失應大勢既去謂之何哉是知本末

俱强周家之所以得天下也漢唐雖得其
勢而詒謀之善猶有歉焉宋之中世則本
末俱弱矣洪惟我
太祖高皇帝開天啓運建都于南
太宗文皇帝靖内承家徙都于北盖天下最大
形勢也昔人稱
南都為王業根本
京師為天府百二之國其在
今日則為財賦之會戎馬之樞而天下莫加

矣以成周全盛且不能無遠讓焉況區區
漢唐宋哉又況偏安如六朝竊據如金元
其人不足以當地氣之盛亦何足與於此
哉天實留之以待
今日盖昭昭然矣夫以
祖宗締造
列聖涵養基本深固誠足以制萬世之安而無
庸慮者執事又欲求保守之道以轉聞于
上豈故為是過計哉盖萬古此天地則萬古此

山川萬古此山川則萬古此形勝歷觀前
代其始之所以盛者不惟其形勢之便利
必有使之者矣其後之所以弱者不惟其
形勢之末利亦必有驟之者矣況創守之
時不同勞逸之勢有異是以山川如故而
不無强弱之變焉則夫思患預防在
今日不可少也愚聞之有天下者人心而已
矣孟子曰地利不如人和盖言地利人和
皆守國之道而人和為重

南都雖為財賦之會東南民力近亦屈矣
京師雖為戎馬之樞西北兵威近亦興其初
矣寬賦稅以節其力時犒餉以養其威又
嚴禁夫額外之征無名之役歲復歲焉行
之無改則元氣可復而人心之固險於丘
陵負耒可以足國制挺可以禦侮矣抑又
有聞焉中國四方之本也
朝廷天下之極也
君心萬化之原也所以為中國

朝廷而已矣所以為
朝廷
君心而已矣謹法度修紀綱則
朝廷尊崇敬畏戒逸慾則
君心正而又申畫郊圻慎固封守使德與形勢
相須而並立此古今不易之道而
今日欲為先事之防豈外是哉恭惟
聖明在上務學法
祖敬

天勤民且
乘時圖幾惟日不足所以衍億萬年無疆之
休者端在於是矣狂言雖贅竊自比於瞽
矇諷誦之義可乎

第三問

同考試官教諭羅　批

孫蘭

求才考課之法士子
率能言之而鮮有究其要者此篇能條答且
重在得人以任其法有用之學也

同考試官教諭黃　批　用以圖治考課為第一義此策能斟酌古今之宜條對明盡且不激不迂鑒鑒可行讀之足以占所蘊矣

同考試官行人柯　批　博謀以任冢宰公己以待真賢古今考課未有易此者子能條對明白而忠愛之意惓惓於

今日望焉可謂識治體矣高薦高薦

考試官右贊善蔡　批　我

國家考課之法較若畫一無容以意損益者乃或通變以趨

時則法敝矣子謂法不可易而當責之人眞知言哉

考試官侍講學士吳 批 考課之法雖不可廢而尤在得人此是古今定論是策能發明之而於篇終似猶有欲言而未竟者其所蘊未可量也佳士佳士

用人者固不可無一定之法尤不可無任法之人無法則天下無可持循而人得以行其意使之私然使無人以持之則法雖

明備亦徒然耳又豈能自行哉執事發策秋闈而以求才考課二者下詢承學顓愚非才也然明問所及姑略摭所聞以對求才貴廣考課貴精此唐陸贄之言也夫才之伏於天下也無盡使不遇上之人有求之或求之而不廣則賢者將有沮格廢棄之患矣及進於仕矣平日之所涵養者正於是乎觀焉然而不能保其無變也使所以考之者或鹵莽疎略而不求其詳則又

無以得其為人之實而欺蔽以生此精之之說誠有得也考課之道也夫廣則疑於濫精則疑於狹似若相背馳者然必廣以收之於先而又精以擇之於後則賢者皆得以自見而不肖者亦無以苟容譬之作室者必群材畢具而後棟梁榱桷惟其所取必惡木悉屏而後楩楠豫樟獲登於用此自然之理也烏可以偏廢哉且人之難知堯舜猶病而天下之人固有日接膝而

不相知者是不得不寄耳目於人稽覈歷於籍也在唐虞之世百僚師師九德咸事亦不能廢法以為激勸之具況其他乎故自三載考績三考黜陟之說見於虞書而後世考課之法皆宗之至周而其法始備其見於周官者可覆也蓋周之法六年五服一朝又六年王乃時巡考制度于四岳諸侯各朝于方岳大明黜陟大宰歲終則令百官府各正其治受其會聽其致事而

詔王廢置三歲則大計群吏之治而誅賞之視虞雖為稍密然考核嚴而會計當此成周之治所以盛也漢之法以六條察二千石歲終奏舉殿最而郡守辟除令長得自課第刺史得課郡國守相而丞相御史得雜考郡國之計畫而上之於天子雖其法不史見大抵有周之遺意猶存也唐之善最本於漢而其可取者在詳於善而略於最謂其猶知重德也宋之法沿於唐而

其所失者在不預宰相而又置審官考課院謂其體統俱失也此三代以下考課之大凡也雖然法猶夫權衡也持權衡以較輕重者人也夫自古無不弊之法而荀子亦有有治人無治法之說此可見徒法不能自行也京房不知乎此而專欲任法則失之太煩豈惟太煩以人之賢否而取定於不可盡稽之冊籍可乎崔明稍知乎是而專欲任人則失之太簡豈惟太簡以政

之廢舉而悉寄於不可考信之人心可乎
我
國家一本帝世考績之法著為令甲內外諸
司得以各考其屬以達於吏部府州縣官
三年則入
朝覲各以所治之事為冊以
獻而加誅賞焉是虞周之制歷數千載而再
見也豈漢唐宋可得而擬之哉然愚猶有
説焉昔蘇子云有官而無課是無官也有

課而無賞罰是無課也則課功以定官行賞罰以信課雖聖人復起不能易矣但世德下衰巧弊滋出欲考之功狀覈則名實混殽而賢否莫辨欲質之毀譽覈則愛憎立變而真偽莫稽然則賞罰之行能盡合天下之公以服天下之心哉我

皇上洞燭乎此邇者既開三途之例以博求天下之才而於銓部大臣遴巡遲久若不欲輕畀之者夫亦以天下賢才進退攸繫故

也當厥任者必深思委寄之重天下得之難惟公惟明而不偏狥一己膠固之見輕聽一人譽毀之言合衆論而又親察其實廣疇咨而不謀匪其人不形好惡以招諂不尚矯刻以示異其人果賢歟或
朝廷不用如趙普之屢執奏可也其人果大賢歟雖資格未及如寇準之却例簿亦可也如是而賢愚同滯人心不服者未之有也執事所謂祇承仰荅以副

皇上求才任人之意恐無出於此雖然任用人
之責者冢宰也任冢宰以用人者君也古
之任大臣者必咨諏訪問合衆人之論聽
天下之公真知其人之賢也然後用之故
相知之深相信之篤聽之專任之久大臣
得以展盡而小人不敢間離於是乎德業
可成矣此固不易之理也執事倘以愚言
為可用當為
今日陳之

第四問

莊蒞民

同考試官行人張　批　昔人謂作史者以天下萬世之心處天下萬世之事此名言也是作能拈出足定萬世之權衡矣且其文莊其義精其事核固有三長者邪

考試官右贊善蔡　批　史事一策正欲驗士子考究之學答者率為所窘此卷論議森袞浩若江河且源委有歸宿舉業中得此殆不能多也

考試官侍講學士吳　批　說出史官關係甚重之意明切可誦且有考據有警策末復寓忠愛於言表他日必為良史可預占矣

史職有關於君德大矣夫欲舉其職惟在得其人然人可易言哉必博聞而有道術與夫有文學知史事而心術正大者斯其選也以是人而立乎君側則有潛移默化之功矣豈不有以基天下之治哉漢王吉曰聖主謹選左右所以正身也夫以身正

歸於左右之得人則知無人乎左右與夫
有之而非其人者皆不可以言治矣執事
策士以史事發問甚盛心也愚雖未覩金
匱石室之藏而嘗與聞前人之緒論請悉
數之以復明問可乎夫有一時之榮辱有
萬世之榮辱爵賞刑威一時之榮辱也其
權總於人主簡冊所記萬世之榮辱也其
事責之史官然刑賞失實不過爽一時之
勸懲紀錄失實則將改萬世之觀聽是史

官之職尤重於刑賞也而可以不慎乎三王之時朝有二史以司言動言則左史書之動則右史書之雖深宮之所獨行皆天下之所共見無有盖焉而弗彰者而明王所以兢兢業業日慎一日亦以有此以為之防耳以令觀之尚書所記皆言也春秋所書皆動也即其善者而觀之雖去之千載猶可為勸況當時乎即其不善者而觀之雖去之千載猶可為戒況身有之者乎

故曰史官之職尤重於刑賞也漢興有大事記武帝有禁中起居注晉魏因之有著作郎唐宋有起居郎舍人皆左右史之遺意也其得人舉職雖未盡如三代之盛然能沿古意以建官存餼羊於不廢是以君子有取焉而未暇求其備也夫任天下萬世之事亦宜以天下萬世之心處之唐初以給事中諫議大夫兼知起居事每仗下議政事起居郎得執簡記錄立法善矣再

傳至永徽而此意遂微蓋因其君怠於政
事宰臣有所奏請多畏人知雖有良法美
意祗見其不便耳宋以兩府之臣撰時政
記三館之士修起居注不可謂不重矣然
員具而職廢其所撰述惟據諸司供報而
不敢書所見聞是以朝廷大事史官雖欲
書而不得書撰述既成錄本呈進則事有
避諱史官雖欲書而不敢書有如歐陽子
所論者而亦安在為重乎唐太宗文宗皆

欲自觀記注知起居褚遂良魏謩輩力諍之可謂能守其職矣然二君聞諛弗咈謂非有君人之度乎彼李昉何人也建言記注必先進御後付所司啓人主諱過之端為史氏求全之地異乎唐史臣之見矣凡此皆由於不能以天下萬世之心處天下萬世之事無怪其然也獨不見古之為史者乎春秋古史記也凡遇災異不但書于册又必告于王所以訓寅畏防怠忽也故

六鷁退飛宋襄以問周周內史有雲夾日楚昭以問周太史或者以末藝訾之失春秋之意矣我

朝史事掌於翰林纂述稽之公牘立法似簡用意實密百餘年來政體人才紀綱風俗亦既見其綱要矣雖三代之史何以加焉然愚於此猶復有說者則以載筆之職不恒修諸司之政不時報采於一時者雖備而紀於平日者未豫況

法宮之獨行謀猷之入
告皆有不與於聞者其何以信今傳後以昭
謨訓之盛乎聞之
國初有起居注而
聖祖神功聖德輝映簡冊厥有自來今茲職未
易遽復亦宜師其意而為之所俾翰林諸
臣更番寓
直日記
聖諭至如

經筵講讀

文華召對或陞某官以某功或降某秩以某

罪之類亦皆隨時紀錄月送

內閣以備編纂無已則如唐人之制宰臣錄

軍國政要為時政記月送史館可行也或

如宋人之制凡上殿臣僚退後少留殿門

俟修注官出面錄聖語亦可行也而居是

官者必擇博聞有道術與夫有文學知史

事而心術正大之人以任

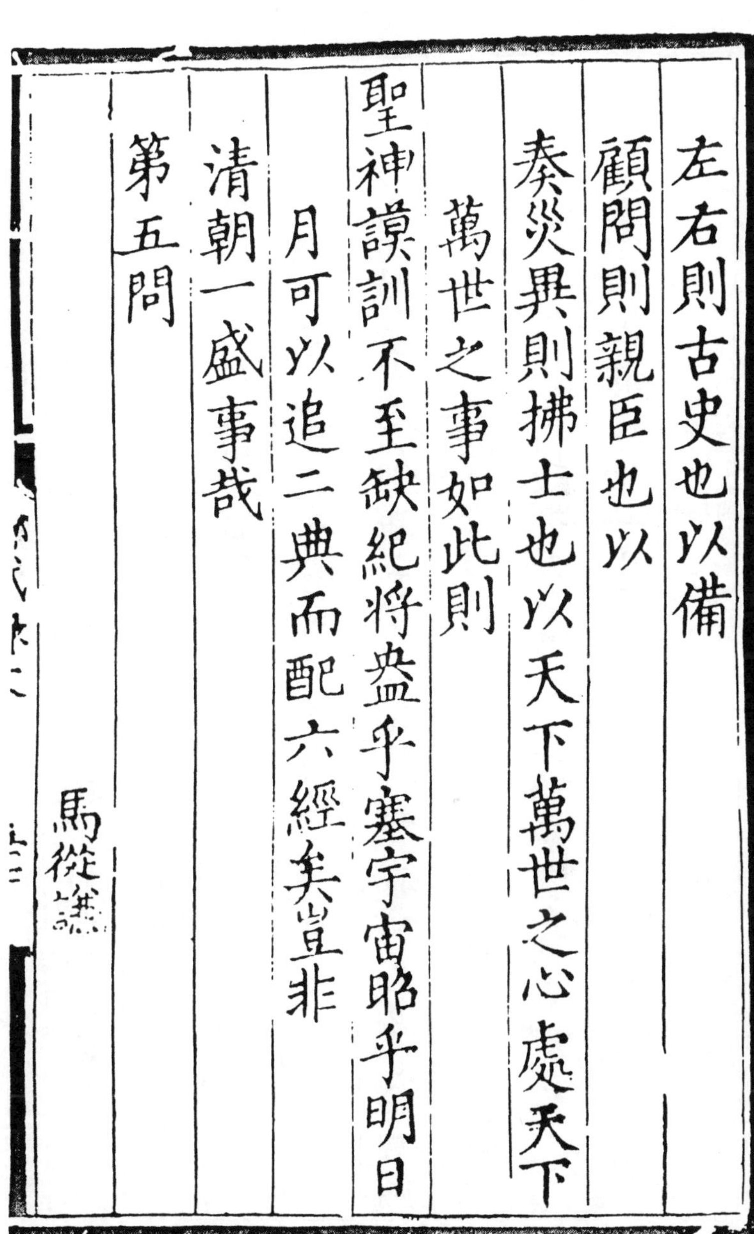

左右則古史也以備
顧問則親臣也以
奏災異則拂士也以天下萬世之心處天下
萬世之事如此則
聖神謨訓不至缺紀將盎乎塞宇宙昭乎明日
月可以追二典而配六經矣豈非
清朝一盛事哉

第五問

馬從謙

同考試官署員外郎吳　批　科場以時務策士固將掄拔匡濟真才匪直記問而已此作條答詳盡防慮周密酌處

國計迥出常見盖有志當世者特錄之

考試官右贊善蔡　批　經生談古義易易耳至與論今事便難得一一中節何子條畫邊計明切如此邪知其負用世之志久矣

考試官侍講學士吳　批　足食最是安邊第一事此策憂深思遠若身親其事而素定於胸中

者非平日以天下為已任者恐未能有此豈獨以文字識子耶

必審天下之勢而後可以處天下必通天下之務而後可以任天下夫天下之變其來無端當其事者必先審觀其勢之安危與務之緩急而早為之所夫然後事可集而變以消不然未有不至於基亂者可不慎哉執事以防變為問慮至深遠也愚請竟其說夫天下之勢理亂安危而已矣天

下之務輕重緩急而已矣輕重緩急間不容髮苟處之一失其序則利害變於須臾而勢隨以異此有天下之慮者所宜深思也夫天下兵之所賴者食也食不足則氣以餒氣以餒而欲其振奮勇躍慷慨以赴敵不亦難乎今邊鎮之兵動以乏食坐困

朝廷雖嘗發內帑且多方賑救而上之所給恒無以濟其兵之所須時或叫號讙呼以撼動主帥固未可委之為安治也茲欲為

先事之圖顧豈無所當講者乎竊嘗撰之三邊寔禦戎之要地今兵耗而食亦耗視昔奚啻幾倍又邊鄙連年荒旱頻仍米價騰踊兵之乏食日甚一日其勢未有休裕之期也三邊之兵所繫尤重非內郡比而足食之計固宜若拯焚救溺而不暇其他不計其小也邇者邊鎮憲臣每以食為請

朝廷深切軫念下所司議處而主國計者恒以惜費裕財為言計其所請不能副其二

三而巳故請之者愈數而應之者愈疎問之則曰此舊例也不可以多予此歲額也不可以濫增幸旦夕之苟安而不虞釀成異日之隱禍日月因循其病必深吾既無以給其資而徒厲人以足食之任吾既無以行其策而徒責人以足食之効倘變起倉卒咎將安歸乎此杞人之憂所不能忘也姑以唐事質之田弘正元和之賢帥也至長慶而死於王庭湊之難非庭湊能害

之也崔陵徒以恐開例端不與魏兵二千
之費故魏兵去而弘正遇害矣李絳元和
之名相也至太和而死于興元之變非新
軍能殺之也李宗閔徒知羅僻遣新軍而不
使度支預為調度故廩麥賜而李絳不保
矣弘正能効忠於前而不能脫禍於後非
其智有短長也所以處弘正於後者非其
策耳絳能料敵於內而不能弭變於外非
其謀有巧拙也所以用絳於外者非其地

耳由是觀之則經略在大而不在小事權在內而不在外也昭昭矣惟唐之處二臣者不得其當兵亂相仍卒無寧歲豈獨其費不貲而國勢亦因之不振當時任事者烏能辭其責哉傳曰前事不忘後事之師也可不思患而豫防之乎

聖天子宵旰憂勤安不忘危之念尤切

淵衷然府庫空虛動輒有掣肘之虞兵將驕脆進或有敗衂之患將何以副之耶夫亦

防其漸而已矣是故府庫之空虛固可惜而邊城之單弱尤可憂出納之小嫌固當慎而轉輸之長策尤當預若曰出之多恐成虛費也盍亦謹其斂散之方乎與之驟恐至濫給也盍亦操其贏縮之機乎而又核其登耗之數握其低昂之權慮惟求忠功不必歸於己也惠惟及人恩不必出於我也即有以難行為解者以今

聖天子在上何請弗獲何建弗從何弊之不可

除何利之不可與乎此則於輕重緩急闔
闢張弛之間皆有先事早圖之計而無異
時意外難制之虞矣布韋雖賤亦嘗抱執
事之憂者幸毋以為狂僭之言

順天府鄉試錄後序

古者大道之行起于鄉而于鄉
選士莫重于成周若夫王畿千
里乃天子所自治士生其間而
選之視外服加重矣順天府令
京畿也嘉靖辛卯秋八月有事于
選舉

上命臣憲暨臣昂來主試事既畢事

乃爲錄以

獻臣昂當有言于後臣惟人才用世不必皆出於科目而世必以科目爲重者何哉繫乎時也亦存乎其人也天下之治非人莫成而時實啓之顧時難逢而人

言之華而行者文之本也名

者士之歸而實者名之先也

君子察此四者可以言不朽

矣況幸際

昌期

聖神御宇章志貞教崇雅黜浮風

天下以敦本之學無惓惓也

豪傑之士固宜有翕然而丕
應者況伊洛之澤未泯乎夫
士以豪傑自待則文焉廼餘
事而名亦有所不屑矣然言
行非二物而名實每相須也
多士進矣將何以崇厥行而
懋厥實哉蓋理欲之幾判而

代則伊傳周召揚其休是固人
與時合而無間然者諸士既嘗
以皐夔諸人自命矣至于遭時
乃獨不然乎是故惟直道可以
濟時惟正論可以匡時惟名節
可以植時之紀惟勲業可以照
時之用有一於此皆爲不負于

明時由此而充之雖為皐夔之徒

而鄉

行大道于天下無難也豈直增重

于科目而已此則所謂人與時

合者昂願與諸士共勗焉

承務郎右春坊右贊善蔡昂謹

序

山西鄉試錄序

嘉靖辛卯山西鄉試 臣一俊 少時則聞山西多人士之美有瑰瑋奇特之稱按其地唐虞之墟平陽蒲坂往往而在讀其書想見其人謂俟既壯當循冀并之封而與二帝之後人相為揖讓又

當下上於恒霍太行之間以聳
觀我
朝西北之所謂形勝者迺秋八月
濫觴
上命與臣文華往柄試事則向日之寤
寐三晉者固已可身親見之又
得以討論二帝之後人之文章

而尚友其人非特相爲揖讓而
已雖然行以取士也將不忠不
明是尤匪瘠瘝之遊是樂始大
懼申謀諸同考試官教授銘學
正鍇王勲教諭時道正人而告之曰
上持政思溫良博雅惇大之士是猷
匪文技是肆二三臣揣如之何

毋亦擇其所云之幾於

上意者而又以盡其心焉爾矣時巡

按監察御史王道維監臨之重

申警之曰國之大事

君命實將二三臣其殫厥心迺身飭

之凡百侈普罔弗臧內外執事

臣訢訢如也於是合提學副使

陳講所遴士一千四百有奇而
三試之維登茲録者六十有五
人
制也於戲士之登茲録者固皆二
帝之後人也而謂其無庸違乎
其不得登茲録者亦皆二帝之
後人也而謂其無側陋乎夫是

將不忠不明是尤雖然謂無不
忠二三臣亦既盡其心焉爾矣
至於不明則亦爾多士之恥也
古之君子以堯舜待其身而亦
未嘗不以堯舜之道責於人試
與爾多士登高以望二帝下丘
隴而偃息於平陽蒲坂之間有

不慨然思從與之遊而膏車秣馬者乎又為之陳蟋蟀以下諸詩而奏韶樂以風之無能想見上世之化而庶幾其有唐虞氏之遺者乎夫既思從與之遊而又以或見其人至為天下國家用有曰庸違則二三臣之明有

不及知者矣於戲爾多士其亦

終稱

上意毋異乎一俊少所聞也與哉茲舉

也巡撫右副都御史黃鍾王澍

巡按監察御史張祿楊東方涯

維嘉得人協秉提調左布政使

楊叔通左叅政胡纘宗監試按察使

潘鑑副使李崧祥維相與綜厥功
罔攸恫維後先有事玆土禮科
給事中董進第工部郎中劉悌刑
部員外郎呂顒戶部主事劉耕
錦衣衛千戶白長齡維于外翊襄
右布政使張衍慶副使楊秉中陳伯安
左參議車純右參議楊朝鳳僉事

王鳴鳳周允中高登張文奎暢華辛東山

署都指揮僉事馬縉王朴都指

揮僉事孫璽維諸大夫若而人

之勞可書也書之

戶部湖廣清吏司主事莊一俊謹

序

嘉靖十年山西鄉試

監臨官

巡按山西監察御史王道 弘濟直隸涿鹿衛籍浙江海寧縣人癸未進士

提調官

山西等處承宣布政使司左布政使楊叔通 靜脩浙江鄞縣人戊辰進士

山西等處承宣布政使司左叅政胡繼宗 孝思陝西泰安縣人戊辰進士

監試官

山西等處提刑按察司按察使潘鑑 希古直隸婺源縣人戊辰進士

山西等處提刑按察司副使李蕣 時望直隸貴池縣人甲戌進士

考試官

戶部湖廣清吏司主事莊一俊　君秉福建晉江縣人　己丑進士

刑部廣東清吏司主事趙[illegible]　原實浙江慈谿縣人　己丑進士

同考試官

湖廣德安府儒學教授李鎔　克成福建長樂縣人　壬午貢士

湖廣武昌府興國州儒學學正倪鎧　右文浙江上虞縣人　庚午貢士

河南開封府許州儒學學正胡玉　汝成江西永新縣人　壬午貢士

河南南陽府裕州儒學學正劉勳　進伯湖廣潛江縣籍江西安福縣人　戊子貢士

陝西西安府商州鎮安縣儒學教諭王時進　思升四川潼川州人　丙子貢士

河南南陽府裕州葉縣儒學教諭王正人　本端陝西泰安縣人　乙酉貢士

印卷官

山西等處承宣布政使司經歷司經歷荀士瀛　榮夫陝西蘭州人　監生

山西等處提刑按察司經歷司經歷任漢　鍾秀河南磁州人　監生

收掌試卷官

太原府知府尹嗣忠　子貞直隸深州人　丁丑進士

平陽府知府葛覃　延之河南磁州人　甲戌進士

受卷官

太原府同知李文　載道河南宜陽縣人　丁丑進士

太原府保德州知州范箕 斗南順天府大興縣籍直隸吳江縣人癸未進士

太原府岢嵐州知州崔巍 仲止山東濱州人丁卯貢士

平陽府霍州知州沈洙 子源直隸吳縣人丁丑進士

平陽府吉州知州虞文詡 廷會浙江義烏縣人庚午貢士

澤州高平縣知縣鍾英 汝積武驤右衛籍山東滋陽縣人癸未進士

彌封官

太原府通判宋邦熙 際卿山東壽光縣人癸酉貢士

太原府推官衛鈺 廷美河南許州人庚午貢士

平陽府推官黃綬 公佩陝西寧夏中屯衛籍浙江仁和縣人己丑進士

太原府代州知州 冀進 以正直隸唐山縣人 癸酉貢士

太原府太谷縣知縣 崔畏 敬父直隸蠡縣人 己丑進士

潞安府潞城縣知縣 王維垣 明甫直隸武清縣人 丙戌進士

謄錄官

太原府同知 郭鏗 鳴和陝西咸寧縣人 丁卯貢士

澤州知州 喬祺 景福順天府涿州人 癸未進士

汾州介休縣知縣 王正宗 適夫順天府固安縣人 丁丑進士

潞安府長子縣知縣 王容 君德直隸唐山縣人 辛巳進士

潞安府黎城縣知縣 馬驊 伯逸陝西長安縣人 己卯貢士

潞安府平順縣知縣高[illegible] 義夫直隸井陘縣人 監生

對讀官

山西都指揮使司經歷司經歷程圻 宗之直隸婺源縣人 監生

沁州知州黃海 子容直隸壽州人 庚午貢士

太原府忻州知州許經 大經河南安陽縣人 癸酉貢士

太原府文水縣知縣薛褊 順卿直隸魏縣人 丙子貢士

平陽府蒲州滎河縣知縣張讓 克讓山東諸城縣人 癸未進士

平陽府解州聞喜縣知縣閻倬 允章陜西隴州人 己丑進士

巡綽官

太原左衛指揮僉事李稔 盡之遼陽儀州人

太原前衛指揮使李玠 朝用順天府薊州人

太原前衛鎮撫高辳 宗極山後會州人

太原左衛左所副千戶呂瀛 孟登直隸寶應縣人

太原右衛左所正千戶趙錦 文華直隸定興縣人

搜檢官

太原左衛指揮使朱璣 在衡直隸鳳陽縣人

太原右衛指揮僉事李經 載道山東鄒縣人

太原前衛指揮僉事張文 尚儒山東即墨縣人

太原左衛左所正千戶馮亨 時泰山東滋陽縣人

太原右衛中所正千戶曰清 廉夫雲南歸後縣人

供給官

山西等處承宣布政使司經歷司都事徐用賢 伯佑山東濱州人監生

山西等處承宣布政使司照磨所照磨吳必敬 一卿浙江餘姚縣人知印

山西等處承宣布政使司理問所副理問楊實華 實夫四川洪雅縣人監生

太原府陽曲縣縣丞王松 汝齡直隸濬縣人監生

平陽府曲沃縣縣丞王懷禮 嘉會直隸深澤縣人監生

遼州榆社縣縣丞徐元道 德夫陝西秦州人監生

太原府文水縣主簿孟鳳　來桐陝西岐山縣人　監生

平陽府霍州靈石縣主簿郭綸　廷言陝西扶風縣人　監生

澤州陽城縣主簿昝暘　啓東山東威海衛人　監生

太原府平定州吏目康禮邦　本中陝西寧遠縣人　監生

潞州吏目趙愚　師顏河南祥符縣人　監生

太原府文水縣典史鄭龍　舜卿直隸雄縣人　吏員

太原府陽曲縣臨汾驛驛丞郭臺　君望陝西華州人　承差

太原府壽陽縣太安驛驛丞紀倡　宗化直隸吳橋縣人　承差

太原府陽曲縣成晉驛驛丞劉繼遠　述祖直隸完縣人　承差

太原府徐溝縣同戈驛驛丞盧惟汝張陝西咸寧縣人承差
澤州高平縣長平驛驛丞南川勤夫陝西渭南縣人承差
沁州武鄉縣權店驛驛丞葛翰德淵河南祥符縣人承差
遼州南關驛驛丞孫溱時濟直隸元城縣人承差

第壹場

四書

二三子以我為隱乎吾無隱乎爾吾無行而不與二三子者是丘也

誠者非自成己而已也所以成物也成己仁也成物知也性之德也合内外之道也故時措之宜也

孔子登東山而小魯登太山而小天下故觀於海者難為水遊於聖人之門者難

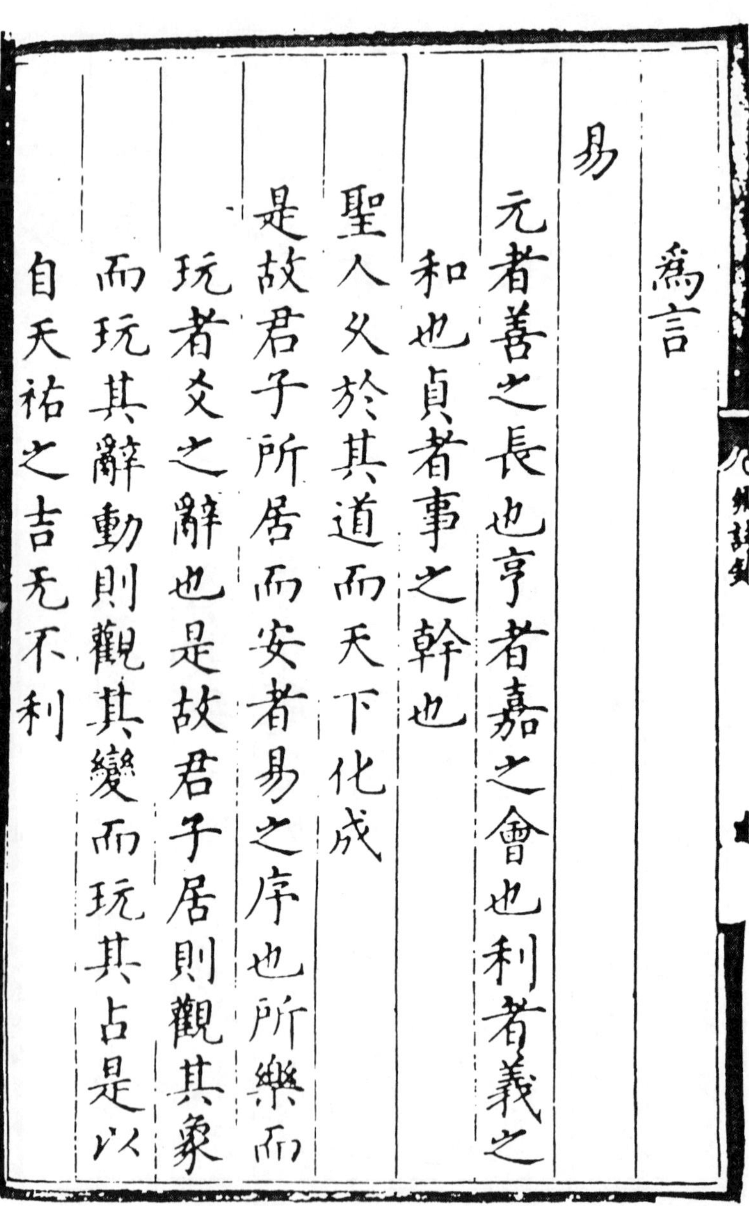

爲言

易

元者善之長也亨者嘉之會也利者義之
和也貞者事之幹也

聖人久於其道而天下化成

是故君子所居而安者易之序也所樂而
玩者爻之辭也是故君子居則觀其象
而玩其辭動則觀其變而玩其占是以
自天祐之吉无不利

精義入神以致用也利用安身以崇德也

書

人心惟危道心惟微惟精惟一允執厥中

無稽之言勿聽弗詢之謀勿庸

俾萬姓咸曰大哉王言又曰一哉王心克

綏先王之祿永底烝民之生

用康乃心顧乃德遠乃猷

詩

克知三有宅心灼見三有俊心

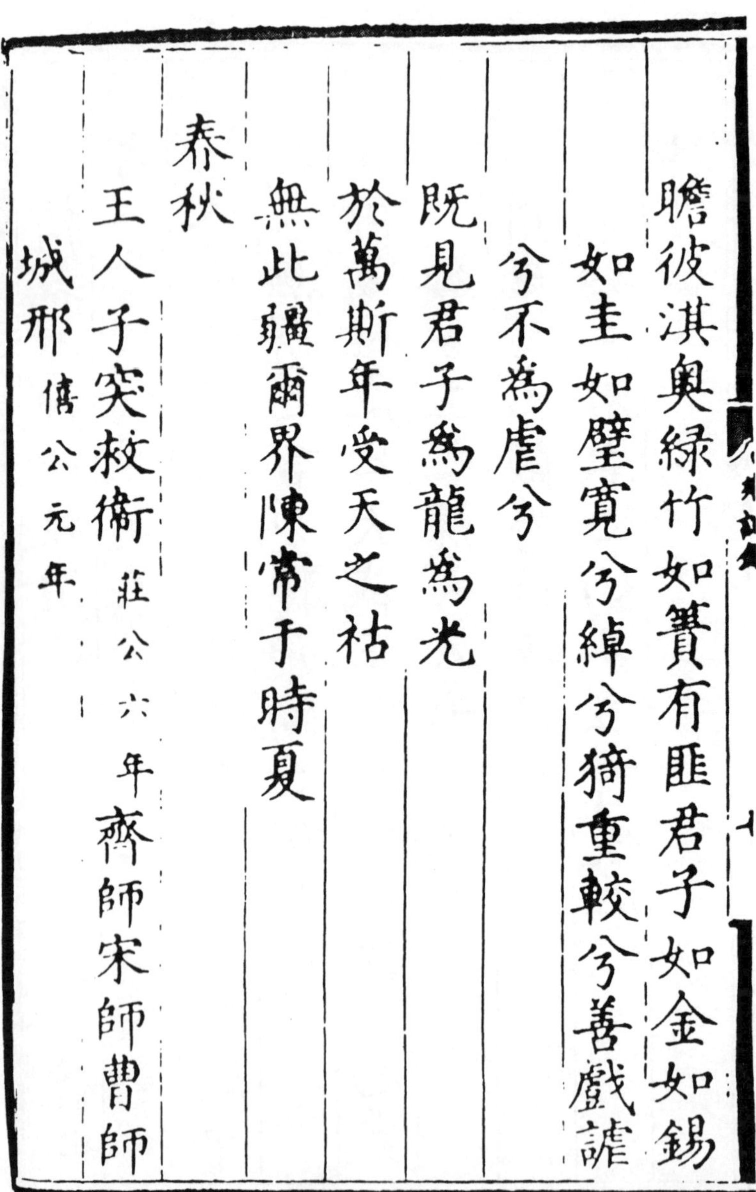

瞻彼淇奧綠竹如簀有匪君子如金如錫
如圭如璧寬兮綽兮猗重較兮善戲謔
兮不為虐兮
既見君子為龍為光
於萬斯年受天之祜
無此疆爾界陳常于時夏
春秋
王人子突救衛 莊公六年 齊師宋師曹師
城邢 僖公元年

楚人陳侯蔡侯鄭伯許男圍宋　公會諸侯盟于宋 僖公二十有七年

晉人宋人衛人曹人同盟于清丘 宣公十有二年

作三軍 襄公十有一年 舍中軍 昭公五年

禮記

故政者君之所以藏身也是故夫政必本於天殽以降命命降于社之謂殽地降于祖廟之謂仁義降于山川之謂興作

降于五祀之謂制度此聖人所以藏身之固也

大德不官大道不器大信不約大時不齊察於此四者可以有志於本矣

禮樂之情同故明王以相沿也故事與時並名與功偕

故曰吾觀於鄉而知王道之易易也

第貳場

論

仁者以天地萬物爲一體

詔誥表 內科一道

擬漢議可以佐百姓者詔 後元年

擬唐以韓愈爲國子祭酒誥 元和十五年

擬

賜大學衍義廷臣謝表

判語 五條

官員赴任過限

人户以籍爲定

禁止師巫邪術
縱放軍人歇役
詐欺官私取財

第叁場

策五道

問古之稱不朽者曰太上立德其次立功其次立言夫功德言果若是分乎聖莫過於三皇五帝三王宜無所不能也何以曰善化天下者止於盡道而已善教

天下者止於盡德而已善勸天下者止於盡功而已由周公而上上而為君其道行由周公而下下而為臣其說長然則圖書典謨訓誥之文非說與仲尼沒而聖不傳黍離降而詩不作寥寥二千載間天生我
太祖高皇帝為敎化民物之主用夏變夷稽古
定制功德可謂隆矣又於
萬幾之暇作為文章雄深宏偉言雅而旨遠

至於

詔諭遐方明燭萬里若洞見肺肝其見於文

臣

御製集之序可考也不知當時

製作之妙亦可言其萬一乎夫世衰道微僞

臣虛稱者殆也世平道明臣子不宣者

鄙也鄙殆之微係乎王道

聖祖有兼帝之德而臣下不能記憶且鋪揚之

二三子之所甘乎又豈

聖祖之所以立教於爾者乎請詳言之毋鄙
問好學為福也十室之邑必有忠信夫子
嘗嘆其不如丘之好學矣儒術既絀世
以混濁莫能用齊魯之門學者獨不廢
也於魯則申公於齊則轅固生言尚書
自濟南伏生言禮自魯高堂生言易自
菑川田生言春秋自胡毋生太史公曰
齊魯之間於文學自古以來其天性也
豈非聖人之遺化而好學之國哉抑其

所好者與聖人之道各異而諸儒自莫之知也考之及門其稱好學者莫如顏子曰不遷怒不貳過是已其於諸儒所好有大不同者則學信若此之徑約乎且顏子之怒與過無從而見之也將誰得其不遷不貳者以取法之與農山之對曰由無所施其勇賜無所用其辨夫顏子王佐之才為邦一問與夫論東野畢佚馬數言益可知已然彼二子皆聖

人許以爲國從政者而何其一無所施
而用之也夫士須學學須用用須試之
以言以卜多士之福爾

問文天地之精爲之也漢去古未遠文治
之隆或與三代同風然高帝不事詩書
文帝謙讓未遑西京之際識者蓋三致
意焉傳至武帝始慨然以表章六經自
任其當時詞賦馳騁之臣若司馬相如
所謂傑然者也臨卭之行吾無取焉後

世之論武帝則又曰好大喜功窮征遠討而已其與右文之事邈不相類信夫文之不足以觀人也夫文不足以觀人則謂漢之文去古未遠毋已過乎自是以下作者輩出左太冲三都之賦嘗積思十稔為之而昔人又謂晋無文章惟陶淵明歸去来辭一篇而已豈亦以人物之正許之乎唐興韓愈氏起而振之力比孟軻氏至其自謂應試之文則顔

忸怩而心不寧然則科舉之文又似可
盡廢乎夫廢科舉之文則天地之精何
所於聚議者往往有鄉舉里選之意焉
是使典謨訓誥之遺者竟不可得而見
之蓋嘗嘆息於唐虞三代之際而欲與
諸士子折衷之也
問聖人在上天降甘露地出醴泉天下和
平王道得國災其叔季之世乎董仲舒
曰天心仁愛人君吾取以爲法焉晉饑

爾所知也與二三子極言天下事而無疲可乎京師之東千里濱渤全陝以西四民菜色齊魯畿宋鄭衛之間饑江淮諸郡蝗蝗大饑夫此無損於晉也國家財賦仰給東南吳浙饑則民無所於措而曰晉人不憂王室可乎凡此利害夫人知之亦夫人能言之也其曰守令不職乎然而

聖心廣大猶不委罪於臣下發內帑之使蠲民

祖之詒茲固臣下之面熟内慙而不能自巳者也其終曰守令不職乎議者謂循良之旌不厚久任之法不嚴夫厚之嚴之誠是也往往厭薄居外而希冀其上是與民無相親愛之道也其終曰守令不職而聽之乎昔者堯之水九年湯之旱七年其災比之今日爲烈也亦安得遽謂叔季之世乎而未聞國之捐瘠者則蓄積多而備先具爾其亦今日積

穀之意乎二三子類能言之也予庶幾其有范文正者出焉布衣理會天下事故不復以微詞隱義相困也

問論天下之事與其大而迂不若就其近而切觀天下之言與其隱而僻不若就其顯而可行諸生固達時者可無厭聒焉故復以爾山右之邊計籌之夫大同為山右重鎮然豈惟山右固天下之重鎮也是以

國家重之故制大將宿重兵歲供億數累百萬轉輸弗吝又設撫臣責以督理而天下之精兵銳卒於是乎出制御邊要固有賴也何邇年以來五堡作孽豪黠者乘風扇惑以遂其貪惰之計長吏因習坐視不問思去土守猶弛重負日復一日駘鎮之患成矣是尚得藉以治外乎夫采薇以下先王之治外也顧弗及所以治外而止於士卒室家之咏春秋傳

語戰曰小大之獄必以情語用民曰民
聽不惑而後用之則古人之患不在於
敵而在於士卒審矣不知今日大同之
獄果察以情大同之民果聽不惑乎否
也夫天下之患常生於不豫故思備之
備之不以漸則失其道而又激矣鼂錯
訓注之謀可鑑也茲欲備之於豫而無
弗得其道以紓我
皇上北顧之憂蓋諸士之近而切今日之顯而

可行者也請昌言之我將於是乎觀之

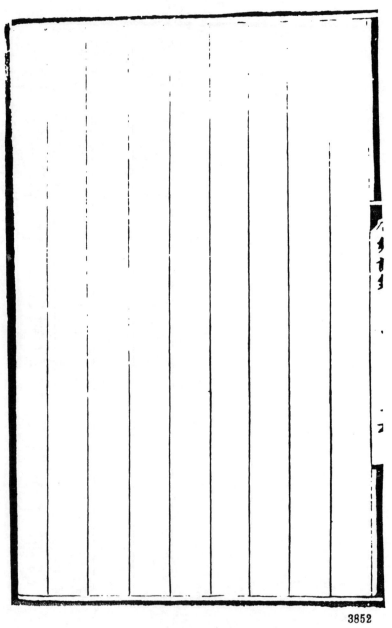

中式舉人六十五名

第一名王應期　蒲州學生　易
第二名王承忠　蒲州學生　詩
第三名郭忻　壺關縣學增廣生　書
第四名楊仁　大同右衛學生　春秋
第五名劉熙　霍州學生　禮記
第六名孔天胤　汾州學生　詩
第七名董籥　平定州學生　書

第八名鄒森　蔚州學增廣生　易
第九名孟階　澤州人監生　詩
第十名吳璞　代州學生　書
第十一名景陽　潞州學生　詩
第十二名王宇　大同縣學生　易
第十三名田西成　交城縣學生　詩
第十四名王紳　榆次縣學生　春秋
第十五名尹耕　蔚州學增廣生　易
第十六名王舉才　解州學生　詩

第十七名任大和　平定州學生　書
第十八名賈東山　蒲州學生　禮記
第十九名魏經綸　懷仁縣學生　易
第二十名李念　平定州學增廣生　書
第二十一名張鵬　平定州學附學生　書
第二十二名王益爵　文水縣學生　易
第二十三名王文翰　汾州學生　詩
第二十四名張洙　石州學附學生　易
第二十五名劉煦　霍州學生　春秋

第二十六名路天亨　河東運司人監生　詩

第二十七名張晃　孝義縣學生　書

第二十八名張廷美　蒲州學生　易

第二十九名王夢弼　代州學增廣生　詩

第三十名張邦土　蒲州學附學生　書

第三十一名張彌綸　五臺縣學生　易

第三十二名李世芳　黎城縣學生　詩

第三十三名呂寅　平定州學生　詩

第三十四名張巨弼　澤州學增廣生　書

第三十五名邢校　高平縣學生　春秋

第三十六名雷潔　平遥縣學生　易

第三十七名戴麒　代州學生　詩

第三十八名陳吉　潞州學生　易

第三十九名范汝敬　平陽府學生　書

第四十名段子愚　蒲州學生　禮記

第四十一名趙世録　汾州學增廣生　書

第四十二名耿世慶　蔚州學生　詩

第四十三名潘高　太原府學增廣生　書

第四十四名高崙　長子縣學增廣生　易

第四十五名張堯臣　沁州學生　詩

第四十六名王嘉會　河東運司學增廣生　詩

第四十七名張鵬程　太平縣學生　易

第四十八名儀世麟　太平縣學生　春秋

第四十九名雷世榮　蒲州學附學生　書

第五十名韓寧　太原府學生　詩

第五十一名楊時中　石州學增廣生　易

第五十二名何體乾　汾州學生　詩

第五十三名郭鑾　高平縣學增廣生　春秋

第五十四名董邦佐　代州學附學生　易

第五十五名李喬芳　陽城縣學生　詩

第五十六名王崇學　興縣學生　書

第五十七名趙繼孟　澤州學附學生　詩

第五十八名李天錫　汾州學生　詩

第五十九名張梯　太原府學生　書

第六十名李庭桂　潞州學生　易

第六十一名韓志仁　蒲州學生　禮記

第六十二名衛鈿　　臨晉縣學增廣生　詩

第六十三名任中立　　大同府學增廣生　書

第六十四名郭盤　　高平縣學生　春秋

第六十五名楊潚　　太原府學生　書

第壹場

四書

二三子以我為隱乎吾無隱乎爾吾無行而不與二三子者是丘也

王應期

同考試官學正胡　批　諸弟子以夫子之道高深不可幾及而今所以教吾徒者不過是平常道理意其所謂高深者隱不教人分明疑是如此作者殊不理會又往往以作止語默貼在無行不與

二三子內講夫在後學發明則可若作夫子自言之甚
不類聖人謙己誨人氣象此作能先原二三子之意且發
明聖人無隱心事渾然可式

考試官主事趙　批　說二三子聖人之意實

是作何別

考試官主事薛　批　深厚簡明

聖人欲悟門人以教之所在因其疑而釋之也
蓋莫非教也而在學者自得之也有隱之疑豈
知聖人者哉且聖人之身以其可知可能者而

示於天下其道甚明而為教易行也二三子之求於聖人也謂當有以異於人也窮天以為高極地以為深者也今而無以異於人也道焉而不然傳教焉似有所隱也以故夫子釋之曰二三子之在吾門也其相與從事於斯道者也斯道之不察而乃以我為隱乎我無是也率性之道天下為公者也善與人同亦竊有志焉者也由吾行之一無所隱於二三子者也苟可以同歸於吾者惟恐其進之不足有所效法之於身

者惟慮夫昭示之不極而夫人顧有不見不聞之者哉是丘者然也蓋天地之道貞觀者也聖人之道亦貞觀者也今觀夫子之一作一止一語一默莫非太極動靜之妙是其性與天道不可得而聞者皆於人倫日用見之也顧學者之自隱於夫子也舍其卑近以別求其高深顏曾之徒則無是矣卓爾之見一貫之聞夫子之無隱者何如也曰二三子為衆人告也

誠者非自成己而已也所以成物也成己

仁也成物知也性之德也合內外之道也故時措之宜也

王承志

同考試官教諭王　批　仁原不相離子言之良是

同考試官學正倪　批　仁知合一處子獨確切言之且上下意義相蒙無一閒語知子曾究心於理者

考試官主事趙　批　善言誠者

考試官主事莊　批　深切

誠者之兼成物妙於一本者也蓋物我有二而所以成之者其本一也此其時措之宜也且世之言誠者而曰誠以成己無預於人也是人己之分而為二也而不知謂之誠者凡以其實理具備隨在各足者也泛應曲當成物不遺者也夫豈自成己而已哉是何也誠之道一本者也成己則體之存而為仁成物則用之發而為知仁知之名以人己而生也然仁所性也知亦所

性也其天之與我者如是無人已也内外之道於人已而擇也然仁在内也知亦在内也其初六合一者如是無内外也夫惟仁知之無内外也此人已之所以相一也人已相一則誠應之妙在我矣故適事以任其天理之便則於仁知之道昭如也對待之間有莫知其所以值之者因物而露其本真之藏則於内外之機渾如也一貫之妙有莫得其所以神之者然則君子特患吾身不能誠爾吾身一誠則天下之道盡而

人已之宜在其中矣嗟夫此致一之說也以人已為二者此其自私而不公者也而謂之誠可乎子思子曰性之德也合內外之道也謂其若得於天者然也於戲天命一本而無二也夫知其出於天也則人已為二之病其少瘳乎

孔子登東山而小魯登太山而小天下故觀於海者難為水遊於聖人之門者難為言

郭忻

同考試官教諭王　批　聞孔子至聖的一箇妙處見道之大以曉學者不可小就的意極說得足

考試官主事趙　批　見得好

考試官主事莊　批　精當

大賢於聖人之道而極其形容也夫學以至乎聖人之道也然弗以其大者言之彼亦烏能窮所至哉孟子即至聖以槩聖人之道也若曰君子之為道也志欲其遠而識欲其大弗大則眩於所趨弗遠則隘於所就而吾道廢矣盍不觀

之孔子乎德合天地而變通無方明並日月而化行神妙物無足以稱之也其登東山乎而處魯國之高雖魯之數百里不足為其大也豈惟東山其登太山乎而處天下之高天下雖數萬里亦不足為其大也何者物莫之與齊也故天下之人惟無見於其道也尋常而就之而自以為無踰也見焉則必有濶達之思而心有所不容止猶之觀於海者自難乎其為水夫苟難乎為之也則必不以眾水為大而凝視乎其所謂

海者矣猶之遊於聖門者自難乎其為言夫苟難乎為之也則必不以衆言為是而反觀乎其所謂聖者矣而力無與焉蓋聖道之大如是學焉者無亦曠所見焉而趨聖之道盡之矣雖然見固弗可小也今夫人未見聖若固克見既見聖若固克由者皆是也而謂可盡之乎夫不學操縵不能安弦不學博依不能安詩人之越而進者可勝既乎故曰先王之祭川也先河而後海也務本也

易

元者善之長也亨者嘉之會也利者義之和也貞者事之幹也

王應期

同考試官學正胡　批　本義於時爲春於人則爲仁等語全是推究道理源頭之詞以見天人合一爾其實以元亨利貞等字即當人之四德讀易者便當作仁義禮智四字看又按精義所稱決非以元者亨者等爲天德而以善之長也嘉之會也爲人之德明矣然許

多說話文言意正如此此作能得之

考試官主事趙　批　即以元亨利貞為人四德能會文言之意者

考試官主事莊　批　不謂予所見所言一至於此

文言於人之四德而各舉之也蓋四德也者皆天設之夫人實有之也文言所以各舉之也昔者夫予有見於天人之際而曰元亨利貞之德嘗得諸人矣是故自人之元言之五性之寂感

不常而萬善出矣而恃其出之不窮施之有序者則元實為之也故曰善之長也謂他善不足以方之也自人之亨言之經禮曲禮之三百三千而賁飾極矣而賴以不可過不可不及者則亨實為之也故曰嘉之會也謂其聚而無所遺也無少乖戾之謂和而人之利也者以義設也義之為分雖嚴而心之所安有無强焉者吾見其和有如此者事依以立之謂幹而人之貞也者則其知之固者也夫隨事而知之固則終始

之道有不墜焉者吾見其幹有如此者吁凡有是四德於我者知皆體其受而歸全之也雖謂之合一於天可也元者天之始也亨者天之美也利者天之宜也貞者天之成也人者天之蘊也於戲聖人同天者也人而不同天夫子之文言其以為之所也是故各舉人之四德也

精義入神以致用也利用安身以崇德也

鄒森

同考試官學正胡　批　內外交相養互相發

者多塵語其實於交互二字未見分明此作獨以相成意該之更無漏言精邃可錄

考試官主事趙　批　學有自然之機意躍如在目

考試官主事莊　批　精切

學之所以相成者一自然之機也葢學之內外有二而相成之理一也夫何為憧憧哉夫子曉九四也而曰天下之理無內外謂內外之相成者以下學之事言之也是故知豫吾內矣而入

行之難也事物之無所終也細微曲折之莫非義也吾以一心之虛靈者而精之至於不容言之妙焉非以致用地也而用之所待有相值焉者此心權度之素出之不疑而觸之自中也行發吾外矣而安身之難也時勢之各殊而千變萬化之未易以定之也吾而利一身之應用者而無不安焉亦非以崇德地也而德之所資有相會焉者躬行獨到之真所見益深而所造益遠也是何也知與行其並進者也其所以知之

即其所以行之也使知行之道分則屈信相感之理誣乎而是二者皆天之為也精義入神其良知也利用安身其良能也心無所知而無所能則所以精之利之者果何物乎故曰明明德言明德則內外兆之矣彼以知行為二者其自離於天也憧憧也

書

人心惟危道心惟微惟精惟一允執厥中

無稽之言勿聽弗詢之謀勿庸

郭忻

同考試官教諭王　批　舜禹授受旨際只在中字今人却去看他下手處在體認公私間極是

考試官主事趙　批　純粹可錄

考試官主事莊　批　是説典謨者

聖人內外交修之法一謹於公私之間而已蓋公私之間治忽之所由繫也人君之存於心而取之言者可不謹哉大舜命禹之詞如此蓋曰治天下之道執中而已矣然中非易執亦惟有

賴於心焉而所發不能以皆正發於形氣者易私而難公何危也發於義理者難明而易昧何微也爾惟敬慎自持察一念之所起其為私乎則用力克治不使之滋長其為理乎則一意持守不使之變遷如是則義理常存而物欲退聽以之酬酢萬變無往而非中矣此蓋致力於已者而人之言又所以輔吾之不及事必師古然後可以永世其不考於古而鑿空以為是者私而非公也爾其弗之聽焉明用稽疑而後謂之

大同其不咨於衆而偏執以自售者私而非公也爾其弗之庸焉夫始之存心出治之本也繼之聽言處事之要也而陟后之道盡之矣然必有此心之公而後可以聽言苟聽言或忽則心之公者或撓蔽而不寧矣此内外相養之功聖賢用力之地孔子稱舜不言其執中而言其用中蓋得其所以告禹之意矣

俾萬姓咸曰大哉王言又曰一哉王心克綏先王之祿永底烝民之生

董篤

同考試官教諭王 批 下二句說君民相保便揔起下面民主成厥功意最爲見伊尹者

考試官主事趙 批 簡盡

考試官主事莊 批 明確

一德之實孚於民而足以相保也夫心一則天下一矣君民之相保何難哉伊尹既以一德陳戒太甲矣而又歎之曰人君之於民勢不同而理同固未有感之不應者也誠能存至一之德

發而為至大之言則天下之民將無不曰大哉吾君之言其徹上下而宣古今者也吾何幸身親聞之因至大之言又有以知至一之德則必又曰一哉吾君之心其純終始而無二三者也吾何幸身親見之一德之孚人心如此是故先王有祿曆數在躬不德則永終矣今而民心和同上下允契則我之祿固民祿之也而克綏之固矣烝民有生厥肖在君不德則失所矣今而主善協一用中行政則民之生固我生之也而

永底之寧矣其君民相保之效為何如哉此無
他德惟一則動罔不吉雖天地之位萬物之育
其丕基之矣而況於人乎大抵帝王之治心為
要正心之道一為要伊尹恥其君不為堯舜故
雖以太甲中才之君而必告之以此此其所以
克終允德而休美商祚有由然矣況於不為太
甲者乎嗚呼志之矣

詩

瞻彼淇奧綠竹如簀有匪君子如金如錫

如圭如璧寬兮綽兮猗重較兮善戲謔兮

不爲虐兮

王承志

同考試官教諭王　批

詩意通見成德此

作得之謙貽無俗氣

同考試官學正倪　批

溫厚可誦

考試官主事趙　批

亦純

考試官主事莊　批

精潔

詩人即物以興賢侯之德之成而申美之也夫

德成而容無不善聖賢之事也衛人以是美其君必有所以感之者矣說者謂武公足以當之蓋其學問自修之功既加於平時而儆戒箴規之道無替於朝夕故其民之愛慕者自不覺其咏歎之深而曰瞻彼淇奧之竹則盛而比於簀矣物固有日興而改觀者而況我有匪之君子切磋之精則義理昭明而私意不能蔽也琢磨之密則道德純粹而私欲不能累也是何異金錫之質百煉而愈光圭璧之章天成而自瑩者

哉而德既成矣故其見於容者雖非矜飾之地而禮無不中隨其張弛之時而動罔弗則寬綽也而有重較之容焉戲謔也而無謔虐之過焉則其動容周旋之間無適而非禮亦可見矣武公之賢豈其至于是哉大抵詩人之詞夸而過實武公雖賢疑不及此夫子以其寓事儆戒合聖賢之道故於抑抑賓筵諸詩備載以垂訓而他日語人之善曾未及焉蓋未必其詩之信也不然以武公之德而百年之化當必大有可觀

者而何媮俗之遷熾也

於萬斯年受天之祜

孔天胤

同考試官教諭王　批　講繩武處便是受祜處此[illegible]

同考試官學正倪　批　不言其受祜而言其所以受祜知本之論也

考試官主事趙　批　全不類時作

考試官主事莊　批　融會詩意成文可

取

詩人擬後王永承乎天休見聖孝有以裕之也

蓋昭哉嗣服武王之孝也後王嗣之而永承天

休其孝不益光哉何則武王之道固三后之道

也創業垂統其謀之也周矣積功累仁其植之

也深矣後王之嗣之也吾固知其宏休之滋至

矣蓋後之視今猶今之視昔也今也以三后之

道而克配于京則所以格祖考之心而膺緝熙

之嘏者在是矣而後獨不然乎今也以世德之

求而下式于土則所以昭繼述之服而乎媚應之心者在是矣而後豈有異哉吾知神者天之理也理得則元吉隨之而穰穰之福久而不替蓋萬年承有周之道則萬年承其祿也而何必他有所為哉民者天之心也心得則百祥降之而簡簡之福遠而彌長蓋萬年協武王之德則萬年協其休也而何必他有所更哉吁於此見武王孝思之道為益光矣雖然武王之道固在也而周亦不至今存者何也蓋夏之典刑未恚

也而紂自亡商之成憲無愆也而紂自廢彼其

面稽天若以為子孫計者何嘗不善哉而以為

昔之人無聞知也則聖人亦莫如之何矣故曰

夫孝者善繼志述事者也

春秋

王人子突救衛桓公六年　齊師宋師曹師城

邢僖公元年

楊仁

同考試官學正劉　批　　以命法權正推原聖

人所罕言之意極足且斷案謹嚴當老於經學者

考試官主事趙　批　得旨

考試官主事莊　批　簡當

春秋與內外之恤患有不以命廢之法有不以正廢之權夫成功在天而權以濟時之不及者也聖人於子突齊桓之事亦以柰之何哉且子突何為者也周之下士也其救衛何也拒諸侯之立朔以亢黔牟也夫朔甚兄而簒位有餘誅焉王之所黜也諸侯烏得而立之突也奉天子

大命挑一族以威諸侯西周之綱紀庶幾其有振焉事之成敗蓋不足論也故超而書字以美之聖人若曰蓋至於子突之事而後可以語命矣若齊桓何為也春秋之伯主也其城邢何也因狄之迫邢而存之于夷儀也夫邢周公之胤而淩微焉周王之親也狄烏得而凌之桓也耻諸夏之衰驅三師以存既潰王室之藩屏庶幾其有賴焉命之有無蓋不暇論也故詞繁不殺以美之聖人若曰蓋至於齊桓之時則有難乎

其繫之以正矣雖然子突之無成非人之所能為也至於桓則人之所能為也聶北之次遣一个於王室徵大師而臨之衛之漕邑可無慮也故桓之心蓋不委之甚壞以為名而亦不欲其無壞以夫吾之義由是知聖人之與齊桓固有大不得已者矣

作三軍 襄公十一年

舍中軍 昭公五年

王紳

同考試官學正劉 批 此題頗失傳意如

作非不罪季宿但始初執持不容宿亦未必遽敢舍
非不罪昭公但事已至是使季宿稍存人臣之禮必不
至盡奪而厭也兩傳雖互見却有專主聖人當時作
春秋亦只如此見

考試官主事趙　批　簡當

考試官主事莊　批　有斷制

望國之迭變兵制也既見其君不當縱之尤見
其臣不當專之此見魯之兵權三四分之而公
室遂微也何君臣之有且三軍魯之舊也襄胡

作之非襄也三家之心也三家者三分之而有
其一也夫兵權者國之司命也而縱之使自專
威福之柄安在也救台之命士鞅之享公餘幾
入焉而國非其國矣噫公車公徒之頌襄獨未
之聞耶而何其不自愛也故春秋特書曰作以
見夫不善變也然則中軍三之一也又胡舍之
非舍也盡征之謀也季宿者以三軍四分之而
擇其二也夫三綱者兵之本原也而竊之以自
專君臣之分安在也乾侯之客戊辰之即位死

生惟制焉而君非其君矣噫衣帛食粟之禁宿豈未之見耶而何其遽自肆也故春秋微詞書舍以罪其不可厭也雖然襄宿之罪固見矣不曰僭階之生乎魯之世從其失而季氏之世脩其勤文宣則然矣民不知公有自矣故夫授世卿之柄者僖為之梗也

禮記

大德不官大道不器大信不約大時不齊察於此四者可以有志於本矣

劉熙

同考試官教授李　批　講聖人天道甚有識志本意亦清切

考試官主事趙　批　獨見大意

考試官主事汪　批　有本之論

即聖人天道之妙見學者當務本也夫本不立則其用窮矣君子之志於學者以此且世之君子惟昧於有本之學故嘗物物而容心焉為力勞而用日不足矣夫亦察之聖人天道乎聖人

心得之深者曰大德也統體之全者曰大道也意氣之孚者曰大信也夫惟其大於是也隨試之輒效百世以相感固非一官一器之所能拘而亦非則約之所能預者矣天道之消息盈虛是之曰大時也氣機之出入不常萬類之榮枯不一有不煩於物物而齊之者矣聖人天道之妙如此是皆有本者為之也夫學也者所以學為聖人而求合於天道者也彼其無見於此者已矣苟於此而遂求之則下學之功不亦可以

頓悟乎是故慮其應用之有窮也則學之如不及焉務使其居安資深有以逢吾本原之妙否則不但已矣慕其神化之不拘也日知其所不足焉務求其精察力行有以達吾一貫之機舍是何容心哉夫其志學若是而後聖人天道可幾也抑是學記者之意深矣而今知聖人天道之不異也人心之中衆理具焉雖以為聖人天道無難惟精一之功或墜焉則其體用窒矣於戲君子所以善事于心也

禮樂之情同故明王以相沿也故事與時

並名與功偕

劉熙

同考試官教授李　批　發揮聖人所以因

華辭不繁而意自足是得禮樂之本者

考試官主事趙　批　語意寬大有素養者

考試官主事莊　批　無長語光瑩可錄

禮樂本於人心聖人因其本而興其末也蓋禮

樂有本有末末可變而本不可變聖人制作之

善何如哉且禮樂之感人固也夫孰為禮之初乎有得於天地自然之序而敬所由生者也禮雖繁縟而因心之敬有不同乎樂之初孰為之乎有迫於天地自然之和而愛所由生者也樂雖降殺而因心之愛有不同乎夫惟其同者然也是故明王飾情以為禮正名辯分匪敬則弗率矣因心以為樂彰德導和匪愛則弗行矣以法天下以俟後世雖有作者不能變之也夫不能變者禮樂之情而所可變者則其末焉爾聖

人亦得而拘之乎是故揖讓之事與征伐之事禮之不相為謀也而唐虞如春三代如夏其時則然也時與事相遭制禮者亦柰之何哉韶之名與武之名是樂之不相為用也而繼堯重光繼殷撥亂功與名相成作樂者奚容吾心哉夫本同而末異則亦不害其為同矣然則禮樂者惟求其本焉爾本之所在明王且不能違而況於人乎雖然聖人之心禮樂之末亦不樂為變也變則其道百出矣其衰世之意乎於戲使士

苴苞苴之風猶可以化天下則後世之文聖人亦欲無用之也

第貳塲

論

仁者以天地萬物爲一體

孟階

同考試官教諭王　批

道理本正大明白但作者多塵語甚厭苦之子獨脱灑馳騁各中軌度不煩繩削高爽精奥秦漢之士當是如此

同考試官學正倪　批　揭題得此甚喜諸

作文體認不愜意純正僅見此篇

考試官主事趙　批　不區區訓解一體字言

仁者心婉曲有餘意

考試官主事莊　批　爾雅深厚

可窮者仁人之分而不可窮者仁人之心心之仁孰為之乎天地為之也天地之心其有窮乎夫得天地之心以為心則得天地之仁以為仁是天地萬物之與我一也而何其仁之窮惟分

無足以盡天下則心無足以盡仁而仁人之仁窮矣於戲所窮者分所不窮者心以吾不可窮之心而處乎有窮之分而後仁人之仁始及於天下而天地萬物之與我一也甞謂堯舜仁人也而有病於博施濟衆則非堯舜之不仁也大不能以巳也夫其大不能以巳則亦足以言仁乎曰其心之與天地萬物一者則固仁也使非有大不能以巳之心則堯舜固無病之矣其病之者一之也然則聖人之於天下亦甚不得巳

乎其分之窮也所恃以成吾仁者心也今夫天
與地較之不一也天地與萬物較之不一也天
地萬物之與我較之又不一也而皆不能以無
望於我者也夫既其分之不一矣而其所以望
於我者又若之何而一之亦曰天地萬物之心
猶夫我焉爾以其所以猶夫我者而達其所以
望於我者而吾以盡吾心焉爾如是而後仁人
之道之無所窮也是故天盡神地盡化萬物盡
性而吾之心無病也理之所在有一不相值而

數者或秉之則雖天地之大有不能違焉者而況於人乎而況於萬物乎吾之仁至是始極而堯舜之心有不能無病者矣不能無病者吾固有所自盡之心而博施濟衆者吾付與所當然之分心者仁之本分者仁之用聖人豈不知用之無所極而顧爲是煩勞哉盡吾心而不得則匹夫匹婦於我無憾焉爾當堯舜之時其爲匹夫匹婦者何限其未被於堯舜之澤者無幾也其天地亦已安且泰萬物且遂協之也使聖人

之仁之功未盡蕩蕩巍巍如是其心之病猶有
甚焉者矣此堯舜之仁所以能覆天下而至今
頌唐虞之德不衰雖然爲堯舜不難充吾心一
念之仁而已一念之仁行於天地萬物之間而
博施濟衆之原實起於相親愛不忍之意天地
萬物與吾不忍之心合而後聖人之道得行乎
其中而未始不相值也於戲世之薄一念之仁
而不肯爲不能察識其端而推廣之者是博施
濟衆之欲賢於堯舜也與哉

同前

王應期

同考試官學正胡　批　仁者一體氣象自

一念不忍充之極甚得體貼

考試官主事趙　批　實而宏

考試官主事莊　批　善言仁者

仁也者大其心而已乎人之心非自爲之也天地之心生之也惟其道心之微也物欲之易錮也私見立而物我之異觀也於是乎天地之心

有弗克肖焉者矣仁也者自其道心而養之者也道心者何也天地之心也天地之心不可得而見也易曰大哉乾元萬物資始至哉坤元萬物資生此天地之心也是故仁也者非有所勉焉而加之者也惟弗失乎天地之心也吾見夫赤子之入井而惻然思有以救之矣是心也何心也乾坤之元也天地之心之發也吾見夫赤子之入井而惻之也為其足以危之也出而觀於市則有夫饑啼而寒號者矣夫啼號之不得

而又饑寒焉其不旦暮而危者幾希矣而吾獨忍之乎仁也者充夫惻赤子之心者也彼其啼號者吾得而觀之矣令夫天下之大而萬民之多也非一市之可周走而盡也而吾得盡觀之乎又安知夫斯民之不可生也有出於饑寒之外而不能盡知之者乎彼其人者也吾猶可以身知之令夫蠢而生者又有非人之所能盡而與吾生於天地之間有不得其生之性者是天地之心未盡也而吾又能忍之乎是故自吾所

生者而言則天地父母也萬物兄弟也而天地萬物一氣矣自吾與天地萬物所由生者而言則天地也我也萬物也元首股肱也一體也體一則性一性一則情一而天地萬物之欲固吾之欲也有弗如欲焉吾能忍之乎仁也者擴其所不忍以達之於其所忍者也故孟子曰有不忍人之心斯有不忍人之政矣言心之難也彼其皆有惻然之心而竟無以推之者利害之私移之也而不知人之欲利而惡害有弗殊於我

者矣此無他二本故也

表

擬

賜大學衍義廷臣謝表

王承志

同考試官教諭王　批　沖澹可誦

同考試官學正倪　批　縱橫理學録之

考試官主事趙　批　崇雅

考試官主事莊　批　盛世氣象沖融言表

具官臣某等伏蒙
聖恩頒
賜新刊宋儒真德秀大學衍義者銀黃久竊
心懷萬卷之餘
琬琰新頒目動五車之璨道明中日
恩自
上天臣等誠惶誠忭稽首頓首上言伏以
聖主御極開興道致治之源貞士協符肇明體
適用之學世有先後心無古今發東魯之

微言將襲舊六摛西山之深美允契

承一貫準蕃墻明已達治人之理愛君畝畝

稽前作鑑後之規弘化之綱維妙茲五際

大賢之羽翼旒在一編縱龍虎之文當精

蓋統而不繹緻米鹽之治勝國又善之弗

行至我

太祖發基拐兩廡以代圖繪無之

列聖繼統先諸史以

御經筵垂裕之洪謨守文之懋列烈於凡大業

尚禆明徵兹者伏遇

皇帝陛下

睿思天縱

聖敬日躋憂勤惜大禹之寸陰終始念高宗

之舊學大極典謨之奧細苞史册之繁

能自得師儼師資之在上取人爲善恐善道

之或遺乃於出經入史之餘用務撮要鉤

玄之旨寔超

獻帝之遺訓率由

列聖之舊章從對菲之陳既
命儒臣而備講展
絲綸之訓載偕輔閣以賡歌陶育性真實以
裨萬年之治沉涵道妙豈徒資
乙夜之觀爰是昭
金玉之章繡諸文梓推以貴匡廬之式須自
石渠得意忘言邈矣聖賢之相契感今懷
昔真如臣主之同時臣等羨德秀之遭逢
測

君王之廣大見賢思奮懲無補袞之能聞善必
言適遂獻芹之志誦豳風而陳王業敢上
擬乎周公用論語以佐太平亦羞稱乎趙
普伏願
體天不息與日方升謹言行而正威儀止其當
止崇敬畏而戒逸欲新之又新理窮知至
之微思協思齊之化學隆羲舜敦本以出
其餘治樂唐虞術庠以躋於極俾生民底
無疆之福而

國祚享有道之長臣等無任忻惶感戴之至
謹奉
表稱
謝以
聞
第叁場
策
第一問
董篩

同考試官教諭王　批　以心跡之判見列聖之同異以天命之學見聖祖之尤異鋪敘詳盡辭氣暢達佳士也

考試官主事趙　批　敷揚聖祖之作而考之天命來復以聖祖之心規頌今上忠愛悱達之意

考試官主事莊　批　聖製一題類不能訖此卷獨條答衮衮如星宿之泉迴流百折有源有委蓋不

為啓刻所著者

聖人之道無不通也因時以行道則名斯異焉聖人之言無不至也因時以明道則名斯專焉時也者非聖人之所能為也天也非天也氣數之自然而莫知其所以然也氣數之所乘天且不違而況於聖人乎是故以道而化則謂之皇矣以德而教則謂之帝矣以功而勸則謂之王矣以言而覺則謂之師矣上而為君其事行矣下而

為臣其說長矣若然者非聖人之所容心焉而又何優劣之間固惟以為吾之心與諸聖人之心無異焉而已矣雖然其道之限於時而有所不能通焉者聖人之心亦終有不能以自慰也嗚呼何天之一厚我

聖祖而慰其心也方胡元之僭竊也天地之綱常幾為裂矣

帝也挺一旅而振之闔天地於既闢之後其視取天下於中國之手者雖順天應人亦何

稱焉

天位既正孳孳圖治綱舉目張新舊染之習而與民更始至於今幾二百年而無弊則萬世無弊也彼其承平紹世者又何著焉凡此皆為君者也夫有干戈之事者或不暇乎文墨親政治之任者亦難責其詩書何也勢有所不及也故雖以帝王之學而典謨諸訓寂寥簡短不越數語大風之外華山征遼之餘吾無聞焉姑未論其純不純

也而
帝也當干戈擾攘幾務紛紜之日詞章奮發動
成巨帙
詔令敕諭咸自
宸衷其見於
御製文集畧可舉也是故免糧有詔則憫其
疲於奔命而欲致之於仁壽也諭外國有
詔則責其貢物之豐而抑請謚之失也諭
國學師徒則曰有君子以安天下之蒼生

也以至諸衙門有論也無弗分其職也諸
臣有誥勅也無弗宣其情也
大祀之文著我將之誠也祭樂之章協九德之
歌也
皇陵有碑示創業之艱難也閱江樓有記見都
會之適均也七曜天體有論正曆象之誤
也堯湯水旱有說不忍聖應之見誣也駁
韓愈之訟風伯敬天也辨柳宗元之記馬
退山訓臣也設諭言好惡之公也省頑戒

善惡之混也紀夢表符命之自也其他一
吟一咏一言一字莫不皆出於情性之正
而不事乎思索之工無非明道以覺世也
故當時儒臣郭傅之序謂典謨訓誥實相
表裏而劉基則曰天生聰明可望而不可
及信矣夫是則諸聖人上而為君之道不
可以通者

聖祖既通之而孔子下而為臣之道又不得而
專矣是非天之氣數獨鍾於我

聖祖而加厚之乎夫孰謂天地之中數獨得於
堯之時然也昔者周公頌文王之德而作
清廟建為頌首孔子贊周監於二代郁郁
乎文而願從之臣子逢時之幸固如是也
聖祖有無帝之德而愚也草莽之臣猶未獲覩
萬分之一安能得夫鋪揚之緒而姑以是
塞明問焉何鄙之無也雖然道德功言之
盛
聖祖之迹也而

聖祖之心與諸聖人之心混合無間者不可得
而見也我
皇上存心體道默契
聖祖雖恭已守文一無所見而明道覺世猶幸
獲聞則又豈典謨之外所可比倫者然則
上天所以加厚之意夫豈獨於
聖祖之身而已哉詩曰永言配命自求多福
聖天子求之矣書曰凡厥庶民極之敷言是訓
是行以近天子之光愚雖不敏敢不為執

事者勉之

第二問

同考試官學正胡　批

王應期

翻例問目惟意役

体不離尺度首尾無剩語子所學過人若此

考試官主事趙　批

簡雅精容

考試官主事莊　批

獨言心學苦不屑

及齊魯諸儒已見大意

學之道欲其得諸心也心達之天下國家

而用之者也天下以口耳之學為學聖賢以心為學心道之管也天精天粹萬物作類天神天明萬物畢照而天下之道出矣夫學而至於能出天下之道則吾方高明廣大以自得吾心之不暇而何暇於舍吾心以狥天下愚不學蓋至於執事之問而喟然嘆曰昔者夫子之道之大也顏子見之而喜子路見之而喜子貢見之而喜二三子者於夫子之道亦既有以求之也子

路終身誦之矣子貢曰賜倦於學困於道矣何夫子以好學為教而其道之困乎人且自誦之也楊子雲曰顏子潛心仲尼則知二子之所學者過也聖人之心其體之高明與太虛相為流通其用之廣大推之天下國家而不可窮是故發憤忘食韋編三絶聖人之道非固役役於外也其實得於心者則然也所過者化所存者神聖人之道非能旦夕襲取於人也其以心感之

者然也嘗讀易之復曰見天地之心之初九曰不遠復無祇悔則又喟然嘆曰復其見顏子之心乎又知二子之所學者過也一言盡天下之道曰仁一念盡天下之仁曰心顏子之心三月不違仁是故怒在心自我復之無迹也過在心自我復之無迹也有不善未嘗不知知之未嘗復行不遠之復也不遠之復所以仁心也仁其心所以學而至夫子之道也爲邦一問斟之酌

之茍可以存先王之遺者未嘗不三致意焉固夫子之心為之也造父無佚馬舜無佚人其見於魯定公之對者拳拳焉固夫子之心為之也子路以勇學聖人是故其用止諸勇攘地千里搴旗執馘而明王之世無勇功則子路之用窮矣子貢以辨求聖人是故其用止諸辨推論利害釋患齊楚而明王之治無辨名則子貢之用窮矣於戲二子之所學者過也況下於二子

者乎齊魯之士吾不待言之也趙綰王臧之過司空城旦之書亦二生者有以取之也而況於無所匡諫如倪寬言禮為容如徐生學縱橫術如主父偃曲學阿世如公孫弘彼其徒之相與授受者如此其與由賜二子之學出其一才一藝猶足以為天下國家用者且不甚相侔也而況於夫子之道如天地之付與萬物者哉執事曰齊魯好學之國也愚則曰訓詁考文也夫訓

詁之文二子之所不好好之則為齊魯之士今之君子以忠信之質而齊魯之者何啻十室也於戲是其求勝於二子之道者也夫二子之道未可以勝而以之學顏子焉則勝矣齊魯之士吾不待言之也

第三問

同考試官教諭王　批　涅璞

議論皆自道理源頭巡求無一語蹈襲前人斷制甚明爽高下甚婉曲氣勢

甚光焰力量甚宏大其最佳處謂以文觀人亦聖人不得已之意識見何等清切何等溫厚初讀茫無下手久乃得之

考試官主事趙　批　有抑揚說科舉法不可發意亦良是

考試官主事莊　批　以文得士

文非聖人意也勢也不得已而猶有觀人之望焉則亦聖人意也聖人之於天下豈不知其文之易流而無所極哉天地之會

也鬼神之運也而人情所趨亦有莫使之然而然者聖人不能爲之防也然恃其毋叛於教毋墮於化於以寄其觀之之意焉則幸吾之道有以大明於天下爾道明而文何病焉於戲唐虞三代之文旣不可得而見之而因後世之陋將弃其所謂文者而廢之亦卒同歸於叛教墮化也已愚於執事之問而三嘆息矣亦知其用心之不得已若夫文孰爲之乎聖人爲之也聖人

生能籌遠若此

同考試官學正倪　批
此策議論作者不失稱激則失詭隨殊無中䂊晚閱此卷優游恻恒之情溢於言外得子可以

上㷀矣

考試官主事趙　批
經濟之士

考試官主事莊　批
辞確可行

古之於民也若父母之於子其所欲也無弗為之致也其弗欲也無弗驅除之也而

民樂生焉故其於君也如子之事父母也無事則訢訢然相與浹於一堂之上而不知其所以愛也有事則躍然而爭往有弗命者焉其畢而還也若太羹之不和而玄酒之不致也相與懙懙然忘於誰之為功而思所報之也故古之天下猶一家也狄人之不恭猶家之外侮也先王之歌采薇也方其出也則曰吾見汝之出而未知其還也其還也則曰吾見汝之歸而方懷其

出也肫肫然如家人父子之相語也是果何時也嗚呼今之民固古之民在也而何其勞情也夫亦有采薇之詩之意乎而何以有執事之問執事之問大同之民也然非特大同之民也彼其諸邊之民環視而俯其上者孰非大同之民之故也耶昔曹劌之問戰也曰小大之獄以情也子犯之欲用民也患夫禮之未共也今夫諸邊之民孰有為之察其情而教之弗惑者乎是

無或乎奇衺之弗率而長吏之不安於其上也夫人君之寄其民於長吏也為其有以子之也欲之弗致而弗欲之弗能驅除也亦安在其能子之也夫極邊之地產物涌貴糧餉之價或踰數倍非若通都大衢之可以待而足也是以一遇凶歉仰給官貸官貸之所費者十倍而民之所活者無幾民心安得而不離也父母之愛子異於人也為其有以預知其饑寒而衣食之也

夫待其饑寒而后衣食之也則塗之人或有周之者而何在其為父母也今之論預邊者不過曰開鹽也修屯也輸粟也召糴也是數者非不足以給之也然而事勢有緩急道途有遠近人心有公私或者議未及定而民已莩矣况召糴之法適足以為商賈牟利之資而公私之匱莫甚於此夫貧民之所以坐而委利於人者以無具也今也以堂堂之鎮而歲之所入自足以儲

一歲之用而坐而仰給於商人之手價愈高而民愈乏民既乏而復加貸於月糧之外日亦不足矣何不先時而為之糴於民也如耿壽昌之法而斟酌之乎夫然則衣食足而禮義生民之不善者可格也夫民之為不善未必皆民之過也或有道焉而不善用之也古之名將出於奴僕出於軍旅出於盜賊大同士素號勇悍或有功見於行陣往往為權勢掩奪不得秩用怏怏

天下至欲鳴之於武舉而文墨之試無所
歷之顧其智謀之運有出於毛錐之外者
終不可得而見也夫以智勇之士而使其
出無所効於行陣之間進無所見於科舉
之列其慨慷飛揚之氣時或一逞於嘯聚
而萃刼之於是而怙然無悶亦難矣盍於
武舉之外而收拾之立為團營之法比其
同技者而教之以遞而進如古之百夫長
十夫長之名而禮貌之俟其有功則舉世

秩而實授之重冒功之誅嚴濫保之法如
是而有能者必樂於自見而何屑為奇衺
游食之民乎至於或無長技而流移失業
强壯無歸之民亦皆吾之赤子而不可不
為之所者盍還以其業畀之今沿邉屯地
膏腴沃壤多入勢要不下數萬餘畝屯數
不足則以蹊澗無收之田而責民原征子
粒之數若之何其不流且盜也諸凡之類
使嚴加覺察募民之無業者量年力之有

無以為授田之多寡初則給之鎡具而漸取其征當必大有可觀者而內郡轉輸之數或可遞減矣夫一羊九牧羊不得食牧不得作令大同之鎮既有總兵以專督軍職又有撫臣以無督軍民之事矣而又加之以鎮守夫鎮守豈有所參畫而裨益之哉以無益之任而率數十人以坐食於轉餉不給之地又從而刻剥之民之能堪者與幾也而況乎遊擊守備之加額而設者

又有數人焉占辦影射之徒奸弊百出有事則彼此推沮莫肯負荷職此之由也可不思所以消息調停之者哉凡此皆邊務之大而民心欲惡之幾亦莫有切於此者夫君之於民固樂其視吾猶父母也而和同以聽焉民之於君也則亦有視之猶子之望欲之弗得而弗欲之弗除望觖而怨於是焉起孟子曰不得而非其上者非也為民上而不與民同樂者亦非也今

朝廷在上方切采薇之詩之情而臣下因循歲月未有能以斯民之欲達之

上者或有所建議輙曰此備邉之策也而無有一毫加惠小民之意介乎其間此民之所以不見德也執事之問若為君者愚也書生之答則若為乎民而無所忌諱焉書曰民非元后罔戴后非民罔與守邦君民胥有之義固如是也非徒有所為也

山西鄉試錄後序

皇上敷治天下統貞斯文錫福皇極

寘超羲禹肆多士丕揚洪化式

昭烝休炘炘以軼於古雖遐陬

絕徼罔不盖承

德意祛末滋而適光明之會矧三

晉虞夏之遺京輔之隩拭觀向

邇有腆樹者乎臣一俊暨臣文華拜
命彙征于斯矢心夙夜允惟至意罔
攸稱乃相與疾趨共事事一如
制惟惕凡三試之文率黜浮崇雅
根物切義渢渢乎有魁宿之思
焉文華等頋慰曰於乎茲行也殆
可以復

上矣夫文龍襄首奮翼則浮雲四流霧雨咸集聖王底節修治則游談之士反觀而不出口故漢文玄默導化而張釋之周亞夫以木吃見庸武帝雅好詞賦爰是相如枚乘東方朔之流乃交口雕龍以快厥者人之感被所企

何其遠哉
皇上求賢敷治方開之士非不揚眉
以傌蠭氣奚啻若漢武攻詞章
之癖詒夷詬而索鴻濛之為者
故嘗以
心得之緒吐諸絲綸而旬之贊舍
俾青衿之子游藏寓目咸務本

原之思以協于正精一之命何

用加此於乎至哉我

國家科目取士厥亦有隨世建義

之雋騈然角力以章登閎之烈

而科目號爲得人至於心學之

士履方雕質浮英華而沉道德

者尚未之多數時則有若河汾

薛文清瑄俶儻瑰瑋毅勇篤信銳志誠身之學於是乎昭曠中失反觀于主敬而竦神乎無欲維時立

朝氣駢屹若山斗可思見之諸子尚友一鄉之先覺而踵其餘芳不遐求也將旦夕興起

至敎以進於伊尹之一德皐陶之
一心以弼成
昭受之命有龍光矣夫是舉也豈
惟詞章之漁隨世建義之糾纆
哉故事既舉率有録以
獻則二臣分序左右告成也文華以
次敬序如左云

刑部廣東清吏司主事趙文華謹

序

生能籌邊若此

同考試官學正倪　批　此策議論作者不失矯激則失詭隨殊無中說晚閱此卷優游惻怛之情溢於言外得予可以

[illegible]

考試官主事趙　批　經濟之士

考試官主事莊　批　辭確可行

古之於民也若父母之於子其所欲也無弗為之致也其弗欲也無弗驅除之也而

民樂生焉故其於君也如子之事父母也
無事則訢訢然相與浹於一堂之上而不
知其所以愛也有事則躍然而爭往有弗
命者焉其畢而還也若太羹之不和而玄
酒之不致也相與憮憮然忘於誰之為功
而思所報之也故古之天下猶一家也狄
人之不恭猶家之外侮也先王之歌采薇
也方其出也則曰吾見汝之出而未知其
還也其還也則曰吾見汝之歸而方懷其

出也肫肫然如家人父子之相語也是果何時也嗚呼今之民固古之民在也而何其勞情也夫亦有采薇之詩之意乎而何以有執事之問執事之問大同之民也然非特大同之民也彼其諸邊之民環視而備其上者孰非大同之民之故也耶昔曹劌之問戰也曰小大之獄以情也子犯之欲用民也患夫禮之未共也今夫諸邊之民孰有爲之察其情而教之之弗惑者乎是

無或乎奇衰之弗率而長吏之不安於其上也夫人君之寄其民於長吏也為其有以子之也欲之弗致而弗欲之弗能驅除也亦安在其能子之也夫極邊之地產榖涌貴糧餉之價或踰數倍非若通都大衢之可以待而足也是以一遇凶歉仰給官貸官貸之所費者十倍而民之所活者無幾民心安得而不離也父母之愛子異於人也為其有以預知其饑寒而衣食之也

夫待其饑寒而后衣食之也則塗之人或有周之者而何在其為父母也今之論預邊者不過曰開鹽也修屯也輸粟也召糴也是數者非不足以給之也然而事勢有緩急道途有遠近人心有公私或者議未及定而民已莩矣况召糴之法適足以為商賈牟利之資而公私之匱莫甚於此夫貧民之所以坐而委利於人者以無具也今也以堂堂之鎮而歲之所入自足以餘

一歲之用而坐而仰給於商人之手價愈高而民愈乏民既乏而後加貸於月糧之外日亦不足矣何不先將而爲之糴於民也如耿壽昌之法而斟酌之乎夫然則衣食足而禮義生民之不善者可格也夫民之爲不善未必皆民之過也或有道焉而不善用之也古之名將出於奴僕出於軍旅出於盜賊大同士素號勇悍或有功見於行陣往往爲權勢掩奪不得秩用怏怏

人下至欲嗚之於武舉而文墨之試無所
施之顧其智謀之運有出於毛錐之外者
終不可得而見也夫以智勇之士而使其
出無所效於行陣之間進無所見於科舉
之列其慨慷飛揚之氣時或一逞於嘯聚
而萃剽之於是而怙然無間亦難矣盍於
武舉之外而收拾之立為團營之法比其
間技者而教之以遞而進如古之百夫長
十夫長之名而禮貌之俟其有功則舉世

秩而實授之重冒功之誅嚴濫保之法如
是而有能者必樂於自見而何屑為竒衺
游食之民乎至於或無長技而流移失業
强壯無歸之民亦皆吾之赤子而不可不
為之所者盍還以其業畀之令沿邊屯地
膏腴沃壤多入勢要不下數萬餘畝屯數
不足則以蹊澗無收之田而責民原征子
粒之數若之何其不流且盜也諸凡之類
使嚴加覺察募民之無業者量年力之有

無以為授田之多寡初則給之鎡具而漸取其征當必大有可觀者而內郡轉輸之數或可遞減矣夫一羊九牧羊不得食牧不得作今大同之鎮既有總兵以專督軍職又有撫臣以兼督軍民之事矣而又加之以鎮守夫鎮守豈有所參畫而裨益之哉以無益之任而率數十人以坐食於轉餉不給之地又從而刻剝之民之能堪者與幾也而況乎遊擊守備之加額而設者

又有數人焉占辨影射之徒奸弊百出有事則彼此推沮莫肯負荷職此之由也可不思所以消息調停之者哉凡此皆邊務之大而民心欲惡之幾亦莫有切於此者夫君之於民固樂其視吾猶父母也而和同以聽焉民之於君也則亦有視之猶子之望欲之弗得而弗欲之弗除望觖而怨於是焉起孟子曰不得而非其上者非也為民上而不與民同樂者亦非也今

朝廷在上方切采薇之詩之情而臣下因循
歲月未有能以斯民之欲達之
上者或有所建議輙曰此備邊之策也而無有
一毫加惠小民之意介乎其間此民之所
以不見德也執事之問若為君者愚也書
生之答則若為乎民而無所忌諱焉書曰
民非元后罔戴后非民罔與守邦君民胥
有之義固如是也非固有所為也

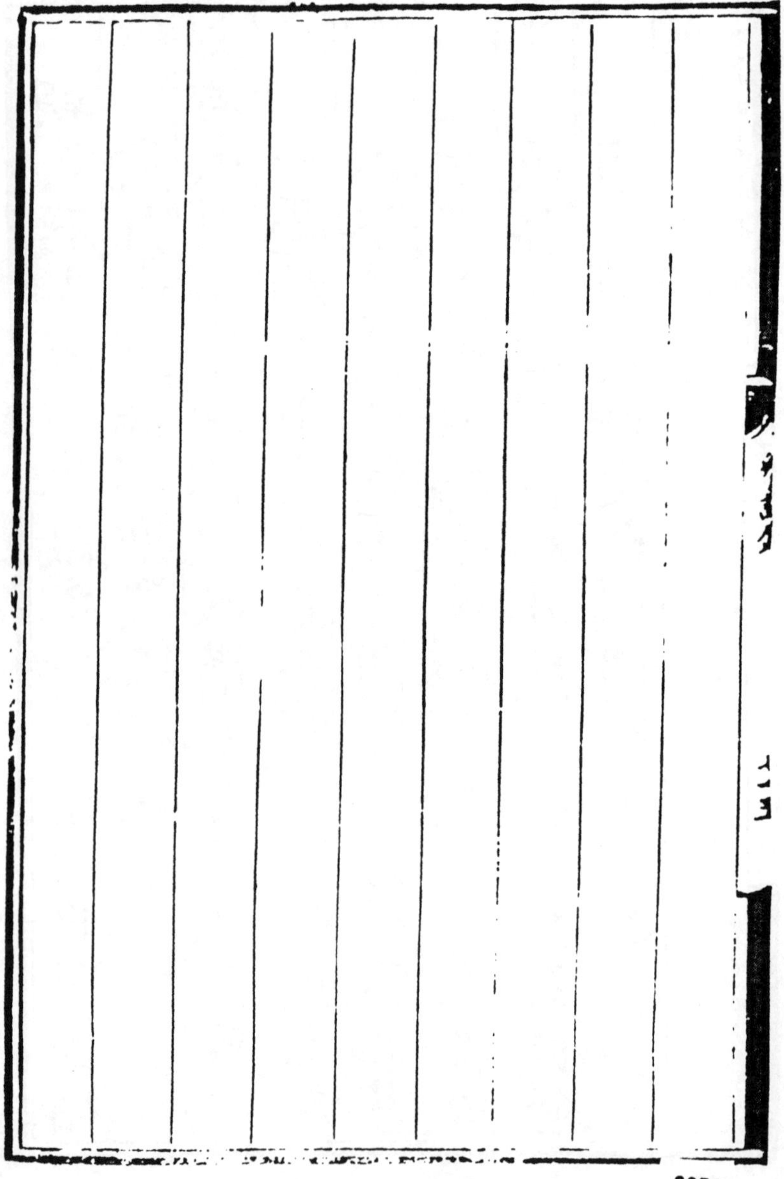

山西鄉試錄後序

皇上敎治天下統貞斯文錫福皇極
寘超羲禹肆多士丕揚洪化式
昭烝休炘炘以軼於古雖遐陬
絕徼罔不羞承
德意祛末滋而適光明之會矧三
晉虞夏之遺京輔之隩拭觀向

邇有腆樹者乎臣一俊暨臣文華拜
命彙征于斯矢心夙夜允惟至意罔
攸稱乃相與疾趨共事事一如
制惟惕凡三試之文率黜浮崇雅
根物切義渢渢乎有魁宿之思
焉文華等頋慰曰於乎兹行也殆
可以復

上矣夫交龍襄首奮翼則浮雲四流霧雨咸集聖王底節修治則游談之士反觀而不出口故漢文玄默導化而張釋之周亞夫以木吃見庸武帝雅好詞賦爰是相如枚乘東方朔之流乃交口雕龍以快厥耆人之感被所企

何其遠哉
皇上求賢敷治方開之士非不揚眉
以厲蠭氣奚啻若漢武攻詞章
之癖詒臾詬而索鴻濛之爲者
故嘗以
心
得之緒吐諸絲綸而旬之貿舍
俾青衿之子游藏寓目咸務本

原之思以協于正精一之命何
用加此於乎至哉我
國家科目取士厥亦有隨世建義
之雋駢然角力以章登閎之烈
而科目號為得人至於心學之
士履方離質浮英華而沉道德
者尚未之多數時則有若河汾

薛文清瑄倜儻瑰瑋毅勇篤信
銳志誠身之學於是乎昭融中
失反觀于主敬而竦神乎無欲
維時立
朝氣槩屹若山斗可思見之諸子
尚友一鄉之先覺而踵其餘芳
不遐求也將旦夕興起

至教以進於伊尹之一德臯陶之
一心以弼成
眧受之命有龍光矣夫是舉也豈
惟詞章之漁隨世建義之糾纆
哉故事既舉率有錄以
獻則二臣分序左右告成也文華以
次敘序如左云

刑部廣東清吏司主事趙文華謹

序